CW01664852

Le langage C

C ANSI

solutions

CHEZ LE MÊME ÉDITEUR

Dans la même collection :

LE LANGAGE C, par B.W. KERNIGHAN et D.M. RITCHIE. Traduit de l'anglais par J.F. GROFF et E. MOTTIER. 1991, 2e édition, 2e tirage, 296 pages.

LANGAGE C. PROBLÈMES ET EXERCICES, par A.R. FEUER. Traduit de l'anglais par C. ARTHUR et J. KOTT. 1991, 2e édition, 184 pages.

LANGAGE C : MANUEL DE RÉFÉRENCE, par S.P. HARBISON et G.L. jr STEELE. Traduit de l'anglais par J.Cl. FRANCHITTI. 1990, 472 pages.

LANGAGE C NORME ANSI, vers une approche orientée objet, par Ph. DRIX. 1990, 2e tirage, 376 pages.

VARIATIONS C ANSI SUR DES THÈMES PASCAL, par Ph. DRIX. 1991, 216 pages.

UNIX, PROGRAMMATION AVANCÉE, par M.J. ROCHKIND. Traduit de l'anglais par A. GUY. 1988, 288 pages.

PROGRAMMER EN C++, par S.C. DEWHURST et K.T. STARK. Traduit de l'anglais par J.F. GROFF. 1990, 208 pages.

MÉTHODOLOGIE DE LA PROGRAMMATION EN LANGAGE C. Principes et applications. Par J.-P. BRAQUELAIRE. 1991, 472 pages.

Autres ouvrages :

PROGRAMMER EN C, par M.I. BOLSKY et AT&T. Traduit de l'anglais par M. CALLEUX. *Collection des Mémo-Guides.* 1987, 88 pages.

UNIX SYSTEM V/386. Rédigé et traduit par UNIX SYSTEM LABORATORIES, 1991.
— Guide d'évolution, 126 pages.
— Guide d'utilisation, 864 pages.
— Guide de conversion ANSI/C, 62 pages.
— Guide de programmation conformité POSIX, 64 pages.
— Guide de programmation ANSI/C et outils de support de programmation, 792 pages.

CONCEPTION DU SYSTÈME UNIX, par M.J. BACH. 1991, 3e tirage, 512 pages.

Voir liste complète de la collection MIM en pages 2 et 3 de couverture.

MANUELS INFORMATIQUES MASSON

Le langage C

C ANSI

solutions

Clovis L. TONDO et Scott E. GIMPEL

Traduit de l'anglais par

Antoine BERTIER

Solutions aux exercices de la 2ᵉ édition de l'ouvrage de
B.W. KERNIGHAN et D.M. RITCHIE

2ᵉ édition
2ᵉ tirage

MASSON PARIS | 1992 | PRENTICE HALL LONDON

Traduction de l'ouvrage publié en langue anglaise,
par Prentice Hall Inc. Englewood Cliffs, New Jersey 07632
Sous le titre
The C. Answer book

Publié en langue française en coédition par
MASSON - Paris et PRENTICE HALL International - London

ISBN : 2-225-**82103**-8

ISSN : 0249-6992

MASSON S.A. 120, bd Saint-Germain, 75280 Paris Cedex 06
MASSON S.p.A. Via Statuto 2/4, 20121 Milano
MASSON S.A. Avenida Principe de Asturias 20, 08012 Barcelona
DÜRR und KESSLER Maarweg, 30, 5342 Rheinbreitbach b. Bonn

Table des matières

Table des matières

Rappel de la table des matières de la seconde édition de l'ouvrage de B.W. Kernighan et D.M. Ritchie

Avant-propos

Le livre que vous avez entre les mains contient les solutions de tous les exercices exposés dans LE LANGAGE C seconde édition de Brian W. Kernighan et Dennis M. Ritchie (Prentice Hall 1988 - trad. MASSON 1990)[1].

L'Institut National Américain des Standards (ANSI) a élaboré un standard ANSI pour le langage C, et K&R ont modifié la première édition de LE LANGAGE C. Nous avons réécrit les solutions pour qu'elles se conforment au standard ANSI et à la deuxième édition du K&R.

Une étude attentive du présent ouvrage, utilisé conjointement avec K&R, vous aidera à comprendre le langage C et vous enseignera de bonnes techniques de programmation dans ce langage.Utilisez le K&R pour apprendre le langage C, travaillez les exercices puis étudiez les solutions présentées ici. Nous avons élaboré nos solutions en utilisant les éléments du langage connus au moment où les exercices apparaissent dans le K&R. Le but est de suivre le rythme du K&R. Plus tard, quand vous connaîtrez plus de constructions permises par le langage, vous serez capables de fournir des solutions qui seront peut-être meilleures. Par exemple avant que la construction :

```
if (expression )
     instruction-1
else
     instruction-2
```

ne soit introduite page 21 du K&R, nous ne l'utilisons pas. Toutefois, vous pourriez améliorer les solutions des exercices 1-8, 1-9 et 1-10 (page 19-20 du K&R) en l'utilisant. Parfois nous présentons également des solutions ne respectant pas cette contrainte.

Nous expliquons les solutions. Vous êtes supposés avoir lu les leçons du K&R jusqu'à l'exercice traité. Nous essayons de ne pas répéter le cours mais de décrire les points les plus importants de chaque solution.

---

[1]Dans la suite le sigle K&R renvoie à l'édition Masson, 1990.

On ne peut pas apprendre un langage de programmation en lisant simplement les instructions du langage. Il faut également programmer — écrire ses propres programmes et étudier ceux des autres. Nous utilisons les caractéristiques pratiques du langage, rendons nos programmes modulaires, nous servons largement des bibliothèques et disposons nos programmes de manière à aider le lecteur à en suivre le cheminement logique. Nous espérons que cet ouvrage vous aidera à maîtriser le langage C.

Nous remercions tous les amis qui nous ont aidés à produire cette deuxième édition : Brian Kernighan, Don Kostuch, Bruce Leung, Andrew Nathanson, Sophie Papanikolaou, Dave Perlin, Carlos Tondo et John Wait.

1 Présentation générale du langage C

Exercice 1-1 (K&R page 8)

Exécutez le programme «bonjour, maître» sur votre ordinateur. Recommencez en supprimant certaines parties du programme, pour voir les différents messages d'erreurs que vous obtiendrez.

```
main()
{
    printf("bonjour, maître");
}
```

Dans cet exemple, le caractère d'interligne (`\n`) manque. Ceci entraîne que l'impression n'est pas suivie d'un retour à la ligne.

```
main ()
{
    printf("bonjour, maître\n")
}
```

Dans le deuxième exemple, il n'y a pas de point-virgule après `printf()`. Chaque instruction C doit se terminer par un point-virgule (K&R page 10). Le compilateur devrait reconnaître ceci comme une erreur et afficher le message correspondant.

```
main()
{
    printf("bonjour, maître\n');
}
```

Dans le troisième exemple, le guillemet double `"` manque après `n`. Le guillemet simple `'` ainsi que la parenthèse droite et le point virgule sont considérés comme appartenant à la chaîne. Le compilateur devrait reconnaître ceci comme une erreur et se plaindre qu'il manque un guillemet double ou que la chaîne est trop longue.

Exercice 1-2 (K&R page 8)

Essayez de donner comme argument à `printf` une chaîne de caractères contenant `\c` où `c` est un autre caractère que ceux mentionnés ci-dessus et observez ce qui se passe.

```
main()
{
    printf("bonjour, maître\a");
    printf("bonjour, maître\7");
    printf("bonjour, maître\?");
}
```

Le Manuel de Référence du Langage C (K&R appendice A page 192) dit :

> Si le caractère qui suit le \ n'est pas l'un de ceux énumérés ci-dessus, le résultat est indéfini.

Le résultat de l'expérience dépend du compilateur. Un résultat possible pourrait être :

```
bonjour, maîtreabonjour, maître<BELL>bonjour, maître?
```

où <BELL> est un son court produit par l'ordinateur lorsqu'il reçoit le code ASCII 7. Il est possible d'avoir un \ suivi d'au maximum trois chiffres en octal (page 37 du K&R) pour représenter un caractère. Dans le jeu de caractère ASCII, `\7` représente un son court.

Exercice 1-3 (K&R page 13)

Modifiez le programme de conversion des températures pour qu'il affiche un en-tête au dessus de la table.

```
#include <stdio.h>

/* table de conversion Fahrenheit-Celsius
              pour fahr=0,20,..,300                    */
main()
{
    float fahr, celsius;
    int mini, maxi, intervalle;

    mini = 0;         /* borne inférieure de la table */
```

```
    maxi = 300;      /* borne supérieure de la table */
    intervalle = 20;/* intervalle entre les valeurs en
                       degrés Fahrenheit */

    printf("Fahr Celsius\n");
    fahr = mini;
    while (fahr <= maxi) {
         celsius = (5.0/9.0) * (fahr-32.0);
         printf("%3.0f   %6.1f\n", fahr, celsius);
         fahr = fahr + intervalle;
    }
}
```

L'insertion de

```
printf("Fahr Celsius\n");
```

avant la boucle, produit un en-tête au-dessus des colonnes appropriées. Nous avons aussi ajouté deux blancs entre `%3.0f` et `%6.1f` pour aligner l'impression avec l'en-tête. Le reste du programme est le même que celui du K&R page 12.

Exercice 1-4 (K&R page 13)

Ecrivez un programme pour qu'il affiche la table de conversion des degrés Celsius en degrés Fahrenheit.

```
#include <stdio.h>

/* table de conversion Celsius-Fahrenheit
  pour celsius=0,20,..,300; version avec flottants */
main ()
{
    float fahr, celsius;
    int mini, maxi, intervalle;

    mini = 0;        /* borne inférieure de la table */
    maxi = 300;      /* borne supérieure de la table */
    intervalle = 20;/* intervalle entre les valeurs en
                       celsius */

    printf("Celsius Fahr\n");
    celsius = mini;
    while (celsius <= maxi) {
         fahr = (9.0*celsius) / 5.0 +32.0;
         printf("%3.0f   %6.1f\n", celsius, fahr);
         celsius = celsius + intervalle;
    }
}
```

Un tableau contenant les températures en degrés Celsius (0-300) et leurs correspondantes en degrés Fahrenheit est réalisé. La valeur en Fahrenheit est calculée, en utilisant la valeur en Celsius connue, par la formule :

```
fahr = (9.0*celsius) / 5.0 + 32.0;
```

La solution présentée suit la même logique que celle utilisée dans le programme qui imprime la table Fahrenheit-Celsius (K&R page 12). Les variables entières `mini`, `maxi` et `intervalle` se rapportent respectivement à la limite inférieure, à la limite supérieure et au pas d'incrémentation de la variable `celsius`. La variable `celsius` est initialisée à la limite inférieure et la température Fahrenheit équivalente est calculée à l'intérieur de la boucle. La valeur Celsius et sa correspondante Fahrenheit sont imprimées et la variable `celsius` est incrémentée du pas d'incrémentation. La boucle `while` répète la séquence jusqu'à ce que la variable `celsius` dépasse la limite supérieure.

Exercice 1-5 (K&R page 14)

Modifiez le programme de conversion des températures pour qu'il affiche la table à l'envers, c'est-à-dire de 300 degrés à 0.

```
#include <stdio.h>
/* table de conversion Fahrenheit-Celsius
                pour fahr=300,280,..,0                    */
main()
{
    int fahr;
    for (fahr = 300; fahr >= 0; fahr = fahr-20)
       printf("%3d %6.1f\n",fahr,(5.0/9.0)*(fahr-32));
}
```

La seule modification est :

```
for (fahr = 300; fahr >= 0; fahr = fahr-20)
```

La première partie de l'instruction, `fahr = 300`, initialise la variable fahrenheit, `fahr`, à sa limite supérieure. La deuxième partie, la condition qui contrôle la boucle `for`, `fahr >= 0`, teste que la variable `fahr` atteint ou dépasse sa limite inférieure. La boucle continue tant que l'inégalité est vérifiée. L'étape de réinitialisation, `fahr = fahr-20`, décrémente la variable `fahr` de la valeur du pas.

Exercice 1-6 (K&R page 17)

Vérifiez que l'expression `getchar() != EOF` vaut soit 0 , soit 1.

```
#include <stdio.h>
```

```
main()
{
   int c;

   while (c = getchar() != EOF)
      printf("%d\n",c);
   printf("%d - pour EOF\n",c);
}
```

L'expression c = getchar() != EOF est équivalente à :

```
c = (getchar() != EOF)
```

(page 17 K&R). Le programme lit des caractères sur l'entrée standard et utilise cette expression. Tant que getchar a un caractère à lire, il ne retourne pas la EOF (fin de fichier) et getchar() != EOF est vraie. Donc 1 est affecté à c. Quand le programme rencontre la fin de fichier, l'expression est fausse. Alors 0 est affecté à c et la boucle se termine.

Exercice 1-7 (K&R page 17)

Ecrivez un programme qui affiche la valeur de EOF.

```
#include <stdio.h>

main()
{
   printf("EOF vaut %d\n", EOF);
}
```

La constante symbolique EOF est définie dans <stdio.h>. La constante symbolique EOF à l'extérieur des guillemets dans printf est remplacée par le texte suivant

```
#define EOF
```

dans le fichier d'en-tête <stdio.h>. Dans notre système, EOF vaut -1, mais cela peut varier d'un système à un autre. C'est pourquoi les constantes symboliques standard comme EOF aident à rendre vos programmes portables.

Exercice 1-8 (K&R page 19)

Ecrivez un programme qui compte les espaces, les tabulations et les fins de ligne.

```
#include <stdio.h>
```

```
main() /* compte les espaces, tab. et fins de ligne */
{
    int c,ne,nt,nf;
    ne = 0;                 /* nombre d'espaces          */
    nt = 0;                 /* nombre de tabulations     */
    nf = 0;                 /* nombre de fins de ligne   */
    while ((c = getchar()) != EOF) {
            if (c == ' ')
                ++ne;
            if (c == '\t')
                ++nt;
            if (c == '\n')
                ++nf;
    }
    printf("%d %d %d\n",ne,nt,nf);
}
```

Les variables entières `ne`, `nt` et `nf` sont utilisées pour compter respectivement le nombre d'espaces, de tabulations et de fins de ligne. Initialement ces trois variables automatiques sont mises à 0.

A l'intérieur de la boucle, chaque occurrence d'un espace, d'une tabulation ou d'une fin de ligne est enregistrée. Toutes les instructions `if` sont exécutées à chaque passage dans la boucle. Si le caractère reçu n'est ni un espace, ni une tabulation, ni une fin de ligne alors il ne se passe rien. Si c'est l'un des trois, le compteur correspondant est incrémenté. Si le signal fin de fichier (`EOF`) est rencontré, les résultats sont affichés.

L'instruction `if-else` n'est introduite qu'à la page 21 du K&R. En l'utilisant la solution pourrait s'écrire :

```
#include <stdio.h>

main() /* compte les espaces, tab. et fins de ligne */
{
    int c,ne,nt,nf;
    ne = 0;                 /* nombre d'espaces          */
    nt = 0;                 /* nombre de tabulations     */
    nf = 0;                 /* nombre de fins de ligne   */
    while ((c = getchar()) != EOF) {
            if (c == ' ')
                ++ne;
            else if (c == '\t')
                ++nt;
            else if (c == '\n')
                ++nf;
    }
    printf("%d %d %d\n",ne,nt,nf);
}
```

Exercice 1-9 (K&R page 19)

Ecrivez un programme qui copie son entrée sur sa sortie en remplaçant les séries de un ou plusieurs espaces par un seul caractère espace.

```
#include <stdio.h>

#define NONESPACE  'a'

/* remplace les séries d'espaces par un espace        */
main()
{
    int c,dernierc;

    dernierc = NONESPACE;
    while ((c=getchar()) != EOF) {
         if (c != ' ')
              putchar(c);
         if (c == ' ')
              if (dernierc != ' ')
                   putchar(c);
         dernierc = c;
    }
}
```

Dès qu'un espace est reçu, un test détermine s'il suit immédiatement un autre espace. Si c'est le cas, l'espace n'est pas pris en compte, autrement l'espace est imprimé. Ceci garantit que chaque espace seul sera imprimé et que le premier espace de chaque chaîne d'espaces le sera aussi.

La variable entière `c` enregistre la valeur ASCII du caractère reçu à l'entrée et `dernierc` la valeur ASCII du caractère précédemment reçu. La constante symbolique `NONESPACE` initialise `dernierc` à un caractère arbitraire autre que l'espace.

La première instruction `if` dans le corps de la boucle traite les occurrences de caractères autres que l'espace. Ceux-là sont imprimés. La deuxième instruction `if` traite les espaces et la troisième test si c'est un espace seul ou le premier d'une chaîne d'espaces. Enfin `dernierc` est mis à jour et le processus recommence.

L'instruction `if-else` n'est introduite qu'à la page 21 du K&R. En l'utilisant la solution deviendrait :

```
#include <stdio.h>

#define NONESPACE  'a'

/* remplace les séries d'espaces par un espace        */
main()
{
    int c,dernierc;
```

```
    dernierc = NONESPACE;
    while ((c=getchar()) != EOF) {
         if (c != ' ')
              putchar(c);
         else if (dernierc != ' ')
                   putchar(c);
         dernierc = c;
    }
}
```

Le OU logique (||) n'est également introduit qu'à la page 21 du K&R. En l'utilisant la solution pourrait s'écrire :

```
#include <stdio.h>

#define NONESPACE  'a'

/* remplace les séries d'espaces par un espace        */
main()
{
    int c,dernierc;

    dernierc = NONESPACE;
    while ((c=getchar()) != EOF) {
         if (c != ' ' || dernierc != ' ')
              putchar(c);
         dernierc = c;
    }
}
```

Exercice 1-10 (K&R page 20)

Ecrivez un programme qui copie son entré sur sa sortie, en remplaçant les tabulations par `\t`, les caractères de retour arrière par `\b` et les backslashs par `\\`. Ceci visualise les tabulations et les retours en arrière sans ambiguïté.

```
#include <stdio.h>

/* remplace tabulations et retours en arrière
  par caractères visibles                             */

main()
{
 int c;

   while ((c = getchar()) != EOF) {
      if (c == '\t')
         printf("\\t");
```

```
        if (c == '\b')
            printf("\\b");
        if (c == '\\')
            printf("\\\\");
        if (c != '\b')
            if (c != '\t')
                if (c != '\\')
                    putchar(c);
    }
}
```

Le caractère reçu en entrée peut être une tabulation, un retour en arrière, un backslash ou n'importe quoi d'autre. Si c'est une tabulation, nous la remplaçons par `\t`, un retour en arrière par `\b` et un backslash par `\\`. Tout le reste est imprimé tel quel.

Le caractère backslash est représenté par `\\` en C. Nous imprimons deux backslash en passant la chaîne `"\\\\"` à `printf`.

L'instruction `if-else` n'est introduite qu'en page 21 du K&R. En utilisant cette instruction la solution pourrait être :

```
#include <stdio.h>

/* remplace tabulations et retours en arrière
   par caractères visibles                              */

main()
{
    int c;

    while ((c = getchar()) != EOF) {
        if (c == '\t')
            printf("\\t");
        else if (c == '\b')
            printf("\\b");
        else if (c == '\\')
            printf("\\\\");
        else
            putchar(c);
    }
}
```

Exercice 1-11 (K&R page 21)

Comment testeriez-vous le programme de comptage des mots ? Quelles sortes d'entrées ont le plus de chance de révéler les erreurs éventuelles ?

Pour tester le programme qui compte les mots, exécutez-le sans entrer de texte. Le résultat devrait être :
0 0 0 (zéro caractère d'interligne, zéro mot, zéro caractère).

Ensuite essayez avec un mot de un caractère. Le résultat devrait être :
1 1 2 (un caractère d'interligne, un mot, deux caractères - une lettre suivie d'un caractère d'interligne).

Ensuite essayez avec un mot de deux caractères. Le résultat devrait être :
1 1 3 (un caractère d'interligne, un mot, trois caractères - deux lettres suivies d'un caractère de retour à la ligne).

De plus, essayez avec deux mots de un caractère (le résultat devrait être : 1 2 4) et avec deux mots de un caractère - un mot par ligne (le résultat devrait être : 2 2 4).

Certains cas limites traités par le programme sont :

-- pas d'entrée,
-- pas de mot - seulement des caractères d'interligne,
-- pas de mot - seulement des blancs, des tabulations et des caractères d'interligne,
-- un mot par ligne - pas de blancs ni de tabulations,
-- mot commençant au tout début,
-- mot commençant après quelques blancs.

Exercice 1-12 (K&R page 21)

Ecrire un programme qui affiche son entrée à raison d'un mot par ligne.

```
#include <stdio.h>

#define  DEDANS     1
#define  DEHORS     0

/* affiche un mot par ligne                              */
main()
{
    int c, etat;

    etat = DEHORS;
    while ((c = getchar()) != EOF) {
         if (c == ' ' || c == '\n' || c == '\t') {
              if (etat == DEDANS) {
```

```
                putchar('\n');    /* finit le mot */
                etat = DEHORS;
            }
        } else if (etat == DEHORS) {
            etat = DEDANS;       /*  début d'un mot */
            putchar(c);
        } else                /* a l'intérieur d'un mot */
            putchar(c);
    }
}
```

`etat` est un entier booléen qui indique si le programme est actuellement dans un mot ou pas. Au début du programme, `etat` est initialisé à `DEHORS`, puisqu'on ne sait pas où un mot va commencer.

La première instruction `if` :

```
        if (c == ' ' || c == '\n' || c == '\t')
```

détermine si `c` est un séparateur de mots. Si c'est le cas, alors la deuxième instruction `if` :

```
        if (etat == DEDANS)
```

détermine si ce caractère de séparation indique la fin d'un mot. Dans ce cas, un retour à la ligne est effectué et `etat` est mis à jour ; autrement aucune action n'est entreprise.

Si `c` n'est pas un séparateur de mots, alors il est soit le premier caractère d'un mot, soit un caractère à l'intérieur d'un mot. Si c'est le début d'un nouveau mot alors `etat` est mis à jour. Dans les deux cas le caractère est imprimé.

Exercice 1-13 (K&R page 23)

Ecrire un programme qui réalise un histogramme des longueurs des mots donnés en entrée. Il est plus facile de dessiner l'histogramme horizontalement ; un histogramme vertical relève du défi.

```
#include <stdio.h>
#define  HISTMAX   15 /* long. max de l'histogramme */
#define  MOTMAX    11 /* long. max d'un mot         */
#define  DEDANS     1
#define  DEHORS     0

main()                /* histogramme horizontal     */
{
    int c, i, nc, etat;
    int long;         /* longueur de chaque barre   */
    int valeurmax;    /* valeur max. de wl[]        */
    int depassent;    /* nbr mots depassant MAXWORD */
    int lm[MOTMAX];   /* compteur de long. de mots  */

    etat = DEHORS;
```

```
    nc = 0;          /* nbre de caractères dans un mot */
    depassent = 0;      /* nbr mots depassant MAXWORD */
    for (i = 0; i < MOTMAX; i++)
         lm[i] = 0;
    while ((c = getchar()) != EOF)  {
         if (c == ' ' || c == '\n' || c == '\t') {
              etat = DEHORS;
              if (nc > 0)
                 if (nc < MOTMAX)
                    ++lm[nc];
                 else
                    ++depassent;
              nc = 0;
         }  else if (etat == DEHORS) {
              etat = DEDANS;
              nc = 1;     /* début d'un mot           */
         } else
              ++nc;       /* à l'intérieur d'un mot */
    }
    valeurmax = 0;
    for (i = 1; i < MOTMAX; ++i)
       if (lm[i] > valeurmax)
          valeurmax = lm[i];
    for (i = 1; i < MOTMAX; ++i) {
       printf("%5d - %5d : ", i, lm[i]);
       if (lm[i] > 0)  {
          if ((long = (lm[i]*HISTMAX/valeurmax)) <= 0)
             long = 1;
       } else
             long = 0;
       while (long>0) {
          putchar('*');
          --long;
       }
       putchar('\n');
    }
    if (depassent > 0)
       printf("Il y a %d mots >= %d\n",
              depassent, MOTMAX);
}
```

Un blanc, un interligne ou une tabulation marquent la fin d'un mot. Si un mot est rencontré (`nc > 0`) et sa longueur est inférieure à la longueur maximale (`nc < MOTMAX`), alors le compteur de mots correspondant est incrémenté (`++lm[nc]`). Si aucun mot n'est rencontré, (seulement des blancs, des tabulations et des caractères d'interligne), ou si la longueur du mot est hors de l'intervalle (`nc >= MOTMAX`) alors le compteur de longueur des mots n'est pas modifié.

Quand tous les mots ont été lus, la valeur maximale rencontrée (`valeurmax`) est déterminée à partir du tableau `lm`.

La variable `long` échelonne les valeurs contenues dans `lm[i]` en fonction de `HISTMAX` et `valeurmax`. Quand `lm[i]` est supérieur à zéro, au moins un astérisque est imprimé.

L'histogramme horizontal est alors imprimé.

```
#include <stdio.h>
#define  HISTMAX   15 /* long. max. de l'histogramme*/
#define  MOTMAX    11 /* long. max. d'un mot        */
#define  DEDANS     1
#define  DEHORS     0

/* histogramme vertical                             */
main()
{
    int c, i, nc, etat;
    int valeurmax;   /* valeur max. de lm[]         */
    int depassent;   /* nbr mots depassant MOTMAX   */
    int lm[MOTMAX]   /* compteur de long. de mots   */

    etat = DEHORS;
    nc = 0;        /* nbre de caractères dans un mot */
    for (i = 0; i < MOTMAX; i++)
         lm[i] = 0;
    while ((c = getchar()) != EOF)  {
         if (c == ' ' || c == '\n' || c == '\t') {
              etat = DEHORS;
              if (nc > 0)
                 if (nc < MOTMAX)
                    ++lm[nc];
                 else
                    ++depassent;
              nc = 0;
         }  else if (etat == DEHORS) {
              etat = DEDANS;
              nc = 1;        /* début d'un mot        */
         } else
              ++nc;        /* à l'intérieur d'un mot */
    }
    valeurmax = 0;
    for (i = 1; i < MOTMAX; ++i)
         if (lm[i] > valeurmax)
              valeurmax = lm[i];

    for (i = HISTMAX; i > 0; --i)  {
         for (j = 1; j < MOTMAX; ++j)
              if ((lm[j] * HISTMAX / valeurmax) >= i)
                   printf("  *  ");
              else
                   printf("     ");
         putchar(\n);
    }
    for (i = 1; i < MOTMAX; ++i)
```

```
        printf("%4d ", i);
    putchar(\n);
    for (i = 1; i < MOTMAX; ++i)
        printf("%4d ", lm[i]);
    putchar(\n);
    if (depassent > 0)
    printf("Il y a %d mots >= %d\n",
            depassent,
            MOTMAX);
}
```

Cette solution imprime un histogramme vertical. Le programme est identique au précédent jusqu'à ce que `valeurmax` soit déterminée. Ensuite il est nécessaire d'échelonner chaque élément du tableau `lm` et de vérifier si un astérisque doit être imprimé ou pas pour chaque élément. Cette vérification est nécessaire puisque toutes les barres sont imprimées simultanément (histogramme vertical). Les deux dernières boucles `for` impriment l'indice et la valeur de chaque élément de `lm`.

Exercice 1-14 (page 23 du K&R)

Ecrire un programme qui affiche un histogramme des fréquences des différents caractères qu'il reçoit en entrée.

```
#include <stdio.h>
#include <ctype.h>

#define HISTMAX  15 /* longueur max de l'histogramme*/
#define CARMAX  128 /* Nbre max de car. différents   */

/* Imprime un histogramme horizontal des fréquences
des caractères                                      */

main()
{
   int c, i;
   int long;              /* longueur de chaque barre */
   int valeurmax;         /* valeur max. pour cc[]    */
   int cc[CARMAX];        /* compteurs de caractères  */

   for (i = 0; i < CARMAX; ++i)
      cc[i] = 0;
   while ((c=getchar())  != EOF)
      if (c < CARMAX)
         ++cc[c];
   valeurmax = 0;
   for (i = 1; i < CARMAX; ++i)
      if (cc[i] > valeurmax)
         valeurmax = cc[i];
```

```
    for (i = 1; i < CARMAX; ++i) {
       if (isprint(i))
          printf("%5d - %c - %5d : ", i, i, cc[i]);
       else
          printf("%5d -    - %5d : ", i, cc[i]);
       if (cc[i] > 0) {
          if ((long = cc[i] * HISTMAX / valeurmax)<=0)
             long = 1;
       } else
          long = 0;
       while (long > 0) {
          putchar('*');
          --long;
       }
       putchar ('\n');
    }
}
```

Ce programme est similaire à celui de l'histogramme horizontal de l'exercice 1-13. Ici nous comptons les fréquences des différents caractères. Nous utilisons un tableau de compteurs de caractères de `CARMAX` éléments et nous ignorons les caractères supérieurs ou égaux à `CARMAX` s'il y en a dans le jeu de caractères utilisé. L'autre différence est que nous utilisons une macro pour déterminer si un caractère peut être imprimé. Le fichier inclus `<ctype.h>` est présenté page 43 du K&R. `isprint` est décrit page 254 du K&R (Appendice B : Bibliothèque Standard).

Exercice 1-15 (page 26 du &R)

Réécrivez le programme de conversion de température de la section 1.2 en réalisant la conversion à l'aide d'une fonction.

```
#include <stdio.h>

float celsius(float fahr);

/* affiche la table Fahrenheit - Celsius
   pour fahr = 0, 20, ..., 300 ;
   version en virgule flottante                           */

main()
{
   float fahr;
   int mini, maxi, intervalle;

   mini = 0;          /* borne inférieure de la table */
   maxi = 300;        /* borne supérieure*/
   intervalle = 20; /* intervalle entre les valeurs en
```

```
                                   degrés Fahrenheit */

   fahr = mini;
   while (fahr <= maxi) {
      print ("%3.0f %6.1f\n", fahr, celsius(fahr));
      fahr = fahr + intervalle;
   }
}

/* celsius : convertit fahr en celsius                     */
float celsius(float fahr)
{
   return (5.0/9.0) * (fahr - 32.0);
}
```

Nous utilisons une fonction pour convertir des degrés Fahrenheit en degrés Celsius. La fonction s'appelle `celsius`, elle reçoit une valeur flottante et retourne une autre valeur flottante. La fonction retourne la valeur de l'expression avec l'instruction `return`. Parfois l'expression est une simple variable comme dans la fonction `puiss` (page 26 du K&R). Parfois nous utilisons une expression plus complexe, comme dans la fonction `celsius`, car tout le travail peut être fait dans l'instruction `return`.

Nous avons déclaré

```
float celsius(float fahr)
```

car la fonction s'attend à recevoir une valeur flottante et retourne une autre valeur flottante.

Exercice 1-16 (K&R page 30)

Revoir le programme principal du programme écrivant la plus longue ligne d'un fichier en entrée, afin qu'il puisse imprimer correctement la longueur des lignes quelles que soient leurs longueurs, et le plus possible de texte.

```
#include <stdio.h>
#define MAXLIGNE  1000 /* taille maximum des lignes */

int lireligne (char ligne[], int maxligne);
void copier(char vers[], char de[]);

/* affiche la plus longue ligne en entrée              */
main()
{
    int l;      /* longueur de la ligne courante       */
    int max;    /* longueur maximum déjà rencontrée    */
    char ligne[MAXLIGNE];       /* ligne courante      */
    char pluslongue[MAXLIGNE]; /* on sauve ici la
                                  ligne la plus longue */
```

```
    max = 0;
    while ((l = lireligne(ligne,MAXLIGNE)) > 0) {
         printf("%d, %s", l, ligne);
         if (l > max)  {
              max = l;
              copier(pluslongue, ligne);
         }
    }
    if (max > 0)              /* il y avait une ligne   */
         printf("%s",pluslongue);
}

/*lireligne : lit une ligne dans s,
              retourne sa longueur                      */
int lireligne(char s[], int lim)
{
    int c, i, j;

    j = 0;
    for (i=0; (c=getchar()) != EOF && c != '\n'; ++i)
         if (i < lim-2)  {
              s[j] = c; /* la ligne est toujours    */
              ++j;      /* dans les limites         */
         }
    if (c == '\n')  {
         s[j] = c;
         ++j;
         ++i;
    }
    s[j] = '\0';
    return i;
}

/* copier: copie 'de' dans 'vers';
           suppose que vers est assez longue           */
void copier (char vers[], char de[])

{
    int i;

    i = 0;
    while ((vers[i] = de[i]) != '\0')
         ++i;
}
```

Le seul changement dans le programme principal est :

```
       printf("%d, %s\n", l, ligne);
```

Ceci imprime la longueur de la ligne en entrée (`l`) et autant de caractères qu'il est possible d'en sauvegarder dans le tableau `ligne`.

La fonction `lireligne` comporte quelques modifications.

```
for (i = 0; (c = getchar()) != EOF && c != '\n'; ++i)
```

Le test du nombre de caractères n'est plus effectué dans l'instruction `for`. En effet, cette limite n'est pas une condition d'arrêt puisque maintenant `lireligne` retourne la longueur de lignes en entrée arbitrairement longues et conserve autant de texte que possible. L'instruction `if (i < lim-2)` détermine s'il y a assez de place dans le tableau (on reste dans les limites). Le test originel dans la boucle `for` était : `i < lim-1`. Il a été changé car le dernier indice du tableau `s` est `lim-1` puisque `s` a `lim` éléments. Ainsi `i < lim-2` laisse suffisamment de place pour un éventuel caractère de fin de ligne, `s[lim-2] = '\n';` et un caractère de fin de chaîne, `s[lim-1] = '\0';`

La longueur de la ligne est renvoyée dans `i` ; `j` garde trace du nombre de caractères copiés dans `s`.

Exercice 1-17 (K&R page 30)

Ecrivez un programme qui affiche toutes les lignes d'entrée qui sont plus longues que 80 caractères.

```
#include <stdio.h>
#define  LONGUEURLIGNE  80
#define  MAXLIGNE       1000 /* longueur max. de ligne
                               en entrée              */

int lireligne (char ligne[], int maxligne);

/* imprime les ligne plus longues que LONGUEURLIGNE */
main()
{
    int l;         /* longueur de la ligne courante   */
    char ligne[MAXLIGNE];          /* ligne courante  */

    while ((l = lireligne(ligne, MAXLIGNE)) > 0)
         if (l > LONGUEURLIGNE)
              printf("%s", ligne);
    return 0;
}
```

Une ligne de texte est prise en entrée et sa longueur est renvoyée par `lireligne`. Si la longueur est supérieure à 80 caractères (`LONGUEURLIGNE`), alors la ligne en entrée est imprimée. Sinon, aucune action n'est effectuée. Le processus est répété jusqu'à ce que toutes les lignes en entrée aient été reçues.

La fonction `lireligne` est identique à celle de l'exercice 1-16

Exercice 1-18 (K&R page 30)

Ecrivez un programme qui enlève les espaces et les tabulations qui figurent en fin de ligne, et qui supprime les lignes entièrement vides.

```
#include <stdio.h>
#define  MAXLIGNE   1000  /* taille max. de la ligne
                             en entrée              */

int lireligne(char ligne[], int maxligne);
int supprimer(char s[]);

main()  /* supprime les espaces et tabulations
           figurant en fin de ligne                 */
{
    char ligne[MAXLIGNE];     /*  ligne courante    */

    while (lireligne(ligne, MAXLIGNE) > 0)
         if (supprimer(ligne) > 0)
              printf("%s",ligne);
}

/* supprime blancs et tabulations à la fin de s  */
int supprimer(char s[])
{
    int i;

    i = 0;
    while (s[i] != '\n')    /* cherche le caractère  */
        ++i;                /* d'interligne          */
    --i;                    /* recule d'un car.      */
    while (i >= 0 && (s[i] == ' ' || s[i] == '\t'))
       --i;
    if (i >= 0) {     /* la ligne n'est pas vide ?   */
       ++i;
       s[i] = '\n';   /* remet le car. fin de ligne  */
       ++i;
       s[i] = '\0';   /* termine la chaîne           */
    }
    return i;
}
```

La fonction `supprimer` supprime les espaces et tabulations figurant à la fin de la chaîne de caractères `ligne` et renvoie sa nouvelle longueur. Si cette longueur est supérieure à 0, `ligne` contient des caractères autres qu'espace et de tabulation et est donc imprimée. Sinon, `ligne` est entièrement constituée d'espaces et de tabulations et est par conséquent ignorée. Ceci garantit que les lignes vides ne seront pas imprimées.

La fonction `supprimer` trouve la fin de la chaîne `s` et recule d'une position à partir de `'\0'` (caractère de fin de chaîne). Si le caractère avant `'\0'` est `'\n'`, l'indicateur de caractères de fin de ligne (`nl`) est mis à jour de façon à conserver les fins de ligne à la sortie. Ensuite, le programme revient en arrière dans la chaîne, jusqu'à ce qu'il trouve un caractère autre qu'un espace ou une tabulation, ou qu'il n'y ait plus de caractères disponibles (`n < 0`).

Si `i >= 0` alors il existait des caractères autres qu'espace ou tabulation. Le caractère de fin de ligne est remis en place, s'il y en avait un, et la fin de la chaîne est indiquée avec un `'\0'`. Quelle que soit la valeur de `i`, elle est renvoyée par la fonction. La boucle `while` se répète jusqu'à ce qu'une ligne vide soit rencontrée (`lireligne` renvoie 0).

La fonction `lireligne` est identique à celle de l'exercice 1-16.

Exercice 1-19 (K&R page 30)

Ecrivez une fonction `inverser(s)` qui inverse la chaîne de caractères `s`. Utilisez cette fonction pour écrire un programme qui inverse une par une les lignes qu'il reçoit.

```
#include <stdio.h>
#define  MAXLIGNE   1000     /* taille max. de la
                                ligne en entrée        */

int lireligne(char ligne[], int maxligne);
void inverser(char s[]);

/* inverse une par une les lignes qu'il reçoit         */
main()
{
    char ligne[MAXLIGNE];
    while (lireligne(ligne, MAXLIGNE) > 0) {
         inverser(ligne);
         printf("%s", ligne);
    }
}

/* inverser: inverse la chaîne s                       */
void inverser (char s[])
{
    int i, j;
    char temp;
    i = 0;
    while (s[i] != '\0')
         ++i;       /* cherche la fin de la chaîne s */
    --i;                    /* recule d'une position */
    if (s[i] == '\n')
         --i;
    j = 0;                   /* début de la chaîne s */
    while (j < i)  {
         temp = s[j];
         s[j] = s[i];
```

```
        s[i] = temp;
        --i;
        ++j;
    }
}
```

La fonction `inverser` cherche d'abord la fin de la chaîne `s`. Elle recule d'une position à partir de `'\0'` de manière à ce que le premier caractère ne devienne pas un caractère de fin de chaîne. Si il y a un `'\n'`, elle recule d'une position de plus puisque, comme `'\0'`, il doit rester en fin de ligne.

`j` est l'indice du premier caractère de la chaîne et `i` celui du dernier caractère. Au fur et à mesure que l'on échange les caractères, `j` est incrémenté (il se déplace vers la fin de la chaîne) et `i` est décrémenté (il se déplace vers le début de la chaîne). Le processus continue tant que `j` est inférieur à `i`.

Le programme `main` lit une ligne à la fois, l'inverse et imprime la ligne inversée.

La fonction `lireligne` est identique à celle de l'exercice 1-16.

Exercice 1-20 (K&R page 33)

Ecrivez un programme `detabuler` qui remplace les caractères de tabulation qu'il reçoit par le nombre d'espaces nécessaires pour atteindre la prochaine tabulation. Considérez que les tabulations sont positionnées à intervalles réguliers, par exemple toutes les `n` colonnes. Faut-il que `n` soit une variable ou une constante symbolique ?

```
#include <stdio.h>
#define  INCTAB   8  /* incrément de tabulation        */

/* remplace les tabulations par des espaces            */
main()
{
    int c, ne, pos;

    ne = 0;          /* nombre d'espaces nécessaires */
    pos = 1; /* position du caractère dans la ligne */
    while ((c = getchar()) != EOF) {
        if (c == '\t')  {                /* tabulation */
            ne = INCTAB - (pos - 1) % INCTAB;
            while (ne > 0)  {
                putchar(' ');
                ++pos;
                --ne;
            }
        }  else if (c == '\n')  {
            putchar(c); /* caractère fin de ligne */
```

```
                pos = 1;
            } else {
                putchar(c);            /* tous les autres */
                ++pos;
            }
        }
}
```

Les tabulations se font toutes les `INCTAB` positions. Dans ce programme, `INCTAB` est défini à 8. La variable `pos` contient la position courante du programme à l'intérieur d'une ligne de texte.

Si le caractère est une tabulation, le programme calcule le nombre `ne` d'espaces nécessaires pour atteindre la prochaine tabulation. L'instruction :

```
    ne = INCTAB - (pos - 1) % INCTAB
```

détermine cette valeur. Si le caractère est un caractère de fin de ligne, alors il est imprimé et `pos` est réinitialisé (`pos = 1`). Tous les autres caractères sont imprimés et `pos` est incrémenté (`++pos`).

`INCTAB` est une constante symbolique. Plus loin, au chapitre 5, vous apprendrez à passer des arguments au programme et vous pouvez vouloir permettre à l'utilisateur de choisir l'espacement entre les taquets de tabulation. Alors vous pourrez changer `INCTAB` en une variable.

Le programme `detabuler` est amélioré dans les exercices 5-11 et 5-12.

Exercice 1-21 (K&R page 33)

Ecrivez le programme `tabuler` qui remplace les séries d'espaces par un nombre minimum de tabulation et d'espaces donnant le même espacement. Utilisez les mêmes tabulations que pour `detabuler`. Lorsqu'on peut atteindre la prochaine tabulation en ajoutant un seul espace au lieu d'un caractère de tabulation, quelle solution faut-il adopter ?

```
#include <stdio.h>

#define  INCTAB   8 /* incrément de tabulation          */

/* remplace les séries d'espaces par des
   tabulations et des espaces                            */
main()
{
    int c, ne, nt, pos;

    ne = 0;        /* nbre d'espaces nécessaires          */
    nt = 0;        /* nbre de tabulations nécessaires     */
    for (pos = 1; (c = getchar()) != EOF; ++pos)
        if (c == ' ') {
            if (pos % INCTAB != 0)
```

```
                    ++ne;           /* insère un espace */
                else {
                    ne = 0;         /* remplace espaces */
                    ++nt;           /* par tabulation   */
                }
            else {
                for ( ; nt > 0; --nt)
                   putchar('\t');         /* impression */
                if (c == '\t')   /* oublie les espaces */
                   ne = 0;
                else              /* imprime les espaces */
                   for ( ; ne > 0; --ne)
                      putchar(' ');
                putchar(c);
                if (c == '\n')
                   pos = 0;
                else if (c == '\t')
                   pos = pos +
                      (INCTAB - (pos - 1) % INCTAB) - 1;
            }
}
```

Les variables entières `ne` et `nt` contiennent le nombre minimum d'espaces et de tabulations nécessaires pour remplacer une série d'espaces. La variable `pos` contient la position courante du programme à l'intérieur d'une ligne de texte.

L'idée est de trouver tous les espaces. Une série d'espaces est remplacée par une tabulation si `pos` est un multiple de `INCTAB`.

Si un caractère autre qu'un espace est rencontré, alors il est imprimé précédé des espaces et tabulations accumulés jusqu'alors. `ne` et `nt` sont maintenant égaux à 0, et une vérification est faite pour voir si un caractère de fin de ligne est présent. Si c'est le cas, `pos` est remis à zéro puisque c'est le début d'une nouvelle ligne.

Si le caractère autre qu'un espace rencontré est une tabulation, seules les tabulations accumulées jusqu'alors sont imprimées, suivies de la tabulation qui vient d'être reçue.

Quand un espace suffit à atteindre un taquet de tabulation, il est plus simple de le remplacer par une tabulation pour éviter les cas spéciaux.

Le programme `tabuler` est amélioré dans les exercices 5-11 et 5-12

Exercice 1-22 (K&R page 33)

Ecrivez un programme qui «replie» les lignes trop longues en deux lignes ou plus, en les coupant avant la *n*-ième colonne en d'entrée, après le dernier caractère visualisable. Assurez-vous que le programme traite intelligemment les lignes très longues, et le cas où la ligne ne comporte ni espace, ni tabulation avant la *n*-ième colonne.

```
#include <stdio.h>

#define  MAXCOL   10        /* nbre max. de colonnes
                               acceptées en entrée      */
#define  INCTAB   8         /* incrément de tabulation */

char ligne[MAXCOL];         /* ligne d'entrée           */

int etendtab(int pos);
int cherche_espace(int pos);
int nellepos(int pos);
void afficheligne(int pos);

/* coupe les longues lignes                              */
main()
{
    int c, pos;

    pos = 0;                    /* position dans ligne */
    while ((c = getchar()) != EOF)  {
         ligne[pos] = c;    /* garde le car. courant */
         if (c == '\t')     /* étend les tabulations */
            pos = etendtab(pos);
         else if (c == '\n') {
            afficheligne(pos);   /* affiche la ligne
                                    courante            */
            pos = 0;
         } else if (++pos >= MAXCOL) {
            pos = cherche_espace(pos);
            afficheligne(pos);
            pos = nellepos(pos);
         }
    }
}

/* etendtab: étend les tabulations par des blancs      */
int etendtab(int pos)
{
   ligne[pos] = ' '; /* une tabulation représente au
                        moins un espace.                */
   for (++pos; pos<MAXCOL && pos % INCTAB != 0; ++pos)
      ligne[pos] = ' ';
   if (pos < MAXCOL) /* il y a de la place dans la  */
      return pos;    /* la ligne courante            */
```

```
   else {              /* la ligne courante est pleine*/
      afficheligne(pos);
      return 0;        /*remet a zéro la pos. courante*/
   }
}


/* donne la position suivant un espace                  */
int cherche_espace(int pos)
{
    while (pos > 0 && ligne[pos] != ' ' )
       --pos;
    if (pos == 0)       /* pas d'espace ds la ligne? */
       return MAXCOL;
    else
       return pos+1;
}

/* nellepos: donne la nouvelle position                 */
int nellepos(int pos)
{
    int i, j;

    if (pos <= 0 || pos >= MAXCOL)
       return 0;                  /* rien à réarranger */
    else {
       i = 0;
       for (j = pos; j < MAXCOL; ++j) {
          ligne[i] = ligne[j];
          ++i;
       }
       return i;   /* nouvelle position ds la ligne */
}

/* afficheligne : imprime une ligne jusqu'à la
                  colonne pos                           */
void afficheligne(int pos)
{
    int i;

    for (i = 0; i < pos; ++i)
         putchar(ligne[i]);
    if (pos > 0)  /* a-t-on affiché des caractères? */
       putchar('\n');
}
```

`MAXCOL` est une constante symbolique. Elle indique la *n*-ième colonne d'entrée. La variable entière `pos` est initialisée à 1 et contient la position courante du programme à l'intérieur d'une ligne de texte. Le programme coupe les lignes d'entrée avant la *n*-ième colonne.

Le programme remplace les caractères de tabulation par des espaces, imprime la ligne courante quand il rencontre un caractère de fin de ligne, et coupe la ligne quand `pos` atteint `MAXCOL`.

La fonction `cherche_espace` cherche un espace en partant de la position `pos`. Elle retourne la position suivant un espace ou `MAXCOL` si il n'y a pas d'espace.

`afficheligne` affiche les caractères entre les positions 0 et `pos-1`.

`nellepos` réarrange la ligne, c'est-à-dire, elle copie les caractères, en commençant à `pos`, au début de la ligne, et ensuite retourne la nouvelle valeur de `pos`.

Exercice 1-23 (K&R page 34)

Ecrivez un programme qui supprime tous les commentaires d'un programme en C. N'oubliez pas de traiter correctement les chaînes entre guillemets et les constantes de type caractère. En C, les commentaires ne s'imbriquent pas.

```
#include <stdio.h>

void supprime_comment(int c);
void dans_comment(void);
void affiche_chaine(int c);

/* efface tous les commentaires d'un programme C
   syntaxiquement correct                           */
main()
{
     int c, d;

     while ((c = getchar()) != EOF)
        supprime_comment(c);
     return 0;
}

/*supprime_comment: lit chaque caractère,
                    enlève les commentaires          */
void supprime_comment(int c)
{
   int d;

   if (c == '/')
      if ((d = getchar()) == '*')
         dans_comment(); /* début d'un commentaire */
      else if (d == '/') {
```

```
            putchar(c);     /* une autre barre oblique */
            supprime_comment(d);
         } else {
            putchar(c);     /* pas un  commentaire */
            putchar(d);
         }
      else if (c == '\'' || c == '"')
         affiche_chaine(c); /* début chaîne entre
                               guillemets                  */
      else
         putchar(c);        /* pas un commentaire          */
}

/* dans_comment: à l'intérieur d'un commentaire
                 syntaxiquement correct                    */
void dans_comment()
{
    int c, d;

    c = getchar();            /* caractère précédent     */
    d = getchar();            /* caractère courant       */
    while (c != '*' || d != '/') {
         c = d;               /* recherche de la fin     */
         d = getchar();       /*  du commentaire         */
    }
}

/* affiche_chaine : affiche les chaîne entre
                    guillemets                             */
void affiche_chaine(int c)
{
    int d;

    putchar(c);
    while ((d = getchar) != c) {   /* cherche fin de */
         putchar(d);        /* chaîne entre guillemets */
         if (d == '\\')
              putchar(getchar());
    }
    putchar(d);
}
```

Le programme présuppose que le fichier d'entrée est un programme C syntaxiquement correct. Le programme principal recherche le début d'un commentaire (`/*`) et, le cas échéant, appelle `dans_comment`. Cette fonction recherche la fin du commentaire (`*/`). Cette procédure garantit donc qu'un commentaire sera ignoré.

Le programme principal recherche aussi les guillemets simples et doubles et, le cas échéant, appelle `affiche_chaine`. L'argument de `affiche_chaine` indique s'il s'agit d'un guillemet simple ou double. `affiche_chaine` est appelée pour assurer que tout caractère trouvé dans une chaîne entre guillemets est imprimé et n'est pas pris pour un commentaire.

`affiche_chaine` ne considère pas un guillemet suivant un backslash (\) comme un guillemet fermant la chaîne de caractères (voir la discussion sur les séquences représentant des caractères page 19 du K&R et dans l'exercice 1-2).

Tous les autres caractères sont imprimés.

Le programme s'arrête quand `getchar` renvoie un caractère de fin de fichier.

Exercice 1-24 (K&R page 34)

Ecrivez un programme qui détecte des erreurs de syntaxe rudimentaires dans un programme C, par exemple des parenthèses , des crochets ou des accolades non appariés. N'oubliez pas les cas des apostrophes, des guillemets, et des commentaires. (Ce programme est difficile à écrire en toute généralité).

```
#include <stdio.h>

int accolade, crochet, paren;

void dans_chaine(int c);
void dans_comment(void);
void chercher(int c);

/* vérificateur de syntaxe rudimentaire                    */
{
    int c;
    extern int accolade, crochet, paren;

    while ((c = getchar()) != EOF)  {
         if (c == '/')  {
            if ((c = getchar()) == '*')
               dans_comment();/* ds un commentaire*/
            else
               chercher(c);
         } else if (c == '\'' || c == '"')
            dans_chaine(); /* dans une chaîne
                              entre guillemets        */
         else
            chercher(c);

         if (accolade < 0) { /* imprime les erreurs */
            printf("Accolades non appariées\n");
            accolade = 0;
         } else if (crochet < 0) {
            printf("Crochets non appariés\n");
            crochet = 0;
         } else if (paren < 0) {
```

```
            printf("Parenthèses non appariées\n");
            paren = 0;
        }
    }

    if (accolade > 0)  /* imprime les erreurs */
        printf("Accolades non appariées\n");
    if (crochet > 0)
        printf("Crochets non appariés\n");
    if (paren > 0)
        printf("Parenthèses non appariées\n");
}

/*chercher: cherche erreurs de syntaxe rudimentaires*/
void chercher(int c)
{
    extern int accolade, crochet, paren;

    if (c == '{')
        ++accolade;
    else if (c == '}')
        --accolade;
    else if (c == '[')
        ++crochet;
    else if (c == ']')
        --crochet;
    else if (c == '(')
        ++paren;
    else if (c == ')')
        --paren;
}

/*dans_comment: ds commentaire syntaxiquemt correct */
void dans_comment()
{
    int c, d;

    c = getchar();          /* caractère précédent   */
    d = getchar();          /* caractère courant     */
    while (c != '*' || d != '/') {
        c = d;              /* recherche de la fin   */
        d = getchar();      /*  du commentaire       */
    }
}

/* dans_chaine :  dans une chaîne entre guillemets */
void dans_chaine(int c)
{
    int d;

    while ((d = getchar()) != c)
        /* recherche du guillemet fermant la chaîne */
        if (d == '\\')
            getchar();
```

```
                /* ignorer les guillemets précédés de \ */
}
```

Cette solution ne résout pas le problème dans le cas le plus général. Les trois erreurs de syntaxe vérifiées sont les parenthèses, les crochets et les accolades non appariés. Tout le reste est supposé syntaxiquement correct.

Dans la fonction chercher, la variable `accolade` est incrémentée lorsqu'une accolade ouvrante (`'{'`) est rencontrée, et est décrémentée lorsqu'une accolade fermante est rencontrée (`'}'`). Les variables `brack` et `paren` sont utilisées de la même manière.

Pendant la recherche, il est normal que `accolade`, `crochet` et `paren` soient positives ou nulles. Il y a une erreur si `accolade`, `crochet` ou `paren` deviennent négatives ; un message adéquat est alors imprimé. `[[[` (`crochet` égale 3) est correct pour le moment parce que les 3 crochets fermants correspondants peuvent être trouvés plus loin dans la recherche. `]]]` (`crochet` égale -3) est incorrect car les 3 crochets ouvrants correspondants n'ont pas été trouvés avant les trois crochets fermants ; s'il y avait eu trois crochets ouvrants alors crochet aurait été égal à 0. Les instructions :

```
if (accolade < 0) /* imprime les erreurs */
     printf("Accolades non appariées\n");
if (crochet < 0)
     printf("Crochets non appariés\n");
if (paren < 0)
     printf("Parenthèses non appariées\n");
```

sont nécessaires car sans elles `)(` ou `]]][[[` ou `}}{{` seraient considérées comme appariées.

Le programme `main` recherche les commentaires et les guillemets simples et doubles. Si l'un d'entre eux est rencontré alors tout ce qu'il y a à l'intérieur est simplement ignoré. Les accolades, crochets et parenthèses dans les commentaires et les chaînes entre guillemets n'ont pas à être appariés.

Après que tout le texte a été parcouru, une dernière vérification est faite pour voir s'il n'y a pas des accolades, crochets ou parenthèses qui n'auraient pas été refermés. Si c'est le cas, le message adéquat est imprimé.

2 Les types, les opérateurs, les expressions

Exercice 2-1 (K&R page 37)

Ecrivez un programme qui détermine les valeurs limites des variables de type `char`, `short`, `int` et `long`, dans les cas `signed` et `unsigned`. Vous afficherez les valeurs que donnent les en-têtes standard, puis vous les calculerez directement. Plus difficile si vous les calculez : déterminez les valeurs limites des divers types flottants.

```
#include <stdio.h>
#include <limits.h>

/* Détermine les bornes des types                            */
main()
{
   /* types signés                                           */
   printf("signed char  min  = %d\n", SCHAR_MIN);
   printf("signed char  max  = %d\n", SCHAR_MAX);
   printf("signed short min  = %d\n", SHRT_MIN);
   printf("signed short max  = %d\n", SHRT_MAX);
   printf("signed int   min  = %d\n", INT_MIN);
   printf("signed int   max  = %d\n", INT_MAX);
   printf("signed long  min  = %ld\n", LONG_MIN);
   printf("signed long  max  = %ld\n", LONG_MAX);
   /* types non signés                                       */
   printf("unsigned char  max = %u\n", UCHAR_MAX);
   printf("unsigned short max = %u\n", USHRT_MAX);
   printf("unsigned int   max = %u\n", UINT_MAX);
   printf("unsigned long  max = %lu\n", ULONG_MAX);
}
```

Le standard ANSI pour le langage C spécifie que les bornes sont définies dans `<limits.h>`. Les bornes peuvent varier d'une machine à l'autre puisque les tailles utilisées pour `short`, `int` et `long` peuvent varier d'un matériel à l'autre.

```
#include <stdio.h>

/* Déterminer les bornes des types                      */
main()
{
/* types signés                                         */
   printf("signed char  min  = %d\n",
                    -(char)((unsigned char) ~0 >> 1));
   printf("signed char  max  = %d\n",
                     (char)((unsigned char) ~0 >> 1));
   printf("signed short min  = %d\n",
                  -(short)((unsigned short) ~0 >> 1));
   printf("signed short max  = %d\n",
                  (short)((unsigned short) ~0 >> 1));
   printf("signed int   min  = %d\n",
                     -(int)((unsigned int) ~0 >> 1));
   printf("signed int   max  = %d\n",
                      (int)((unsigned int) ~0 >> 1));
   printf("signed long  min  = %ld\n",
                    -(long)((unsigned long) ~0 >> 1));
   printf("signed long  max  = %ld\n",
                     (long)((unsigned long) ~0 >> 1));
 /* types non signés                                    */
   printf("unsigned char  max = %u\n",
                         (unsigned char) ~0);
   printf("unsigned short max = %u\n",
                         (unsigned short) ~0);
   printf("unsigned int   max = %u\n",
                         (unsigned int) ~0);
   printf("unsigned long  max = %lu\n",
                         (unsigned long) ~0);
}
```

Une autre solution possible utilise les opérateurs opérant sur les bits (K&R page 48). Par exemple, l'expression

`(char)((unsigned char) ~0 >> 1)`

prend zéro et convertit chaque bit à 1 (`~0`), ensuite convertit le résultat en `unsigned char` (`(unsigned char) ~0`), décale les bits de ce caractère non signé d'une position vers la droite pour mettre à zéro le bit de signe (`(unsigned char) ~0 >> 1`) et enfin convertit cette quantité vers un caractère (`(char)((unsigned char) ~0 >> 1)`). Cette valeur est la valeur maximum qu'un caractère signé peut prendre.

Exercice 2-2 (K&R page 42)

Ecrivez une boucle équivalente à la boucle for ci-dessus, sans utiliser `&&` ni `||`.

Boucle originale :

```
for (i=0; i<lim-1 && (c=getchar()) != '/n' &&
          c != EOF; ++i)
```

Boucle équivalente :

```
enum boucle { NON, OUI };
enum boucle boucleok = OUI;

i = 0;
while (boucleok == OUI)
   if (i >= lim-1)    /* en-dehors des bornes ?       */
      boucleok = NON;
   else if ((c = getchar()) == '\n')
      boucleok = NON;
   else if (c == EOF)  /* fin de fichier ?            */
      boucleok = NON;
   else {
      s[i] = c;
      ++i;
   }
```

Sans `&&` ni `||` nous devons scinder la boucle for originale en une série d'instructions `if`. Ensuite nous inversons les tests. Par exemple, dans la boucle `for` originale `i < lim-1` indique que `i` est encore dans les bornes. L'instruction `i >= lim-1` de la boucle équivalente indique que `i` est en dehors des bornes et que la boucle doit s'arrêter.

`boucleok` est un énuméré. Dès qu'une des conditions est remplie, `boucleok` est mis à `NON` et la boucle se termine.

Exercice 2-3 (K&R page 46)

Ecrivez la fonction `htoi(s)` (hexa_en_entier) qui convertit une chaîne de chiffres hexadécimaux (y compris un éventuel `0x` ou `0X`) en sa valeur entière. Les chiffres autorisés sont `0` à `9`, `a` à `f` et `A` à `F`.

```
#define  OUI  1
#define  NON  0

/* htoi : convertit en entier une chaîne s hexa      */
int htoi(char s[])
```

```
{
    int chiffre_hexa, i, dans_hexa, n;

    i = 0;
    if (s[i] == '0') {      /* passe 0x ou 0X optionnel*/
       ++i;
       if (s[i] == 'x' || s[i] == 'X')
          ++i;
    }
    n = 0;                 /* valeur entière à renvoyer    */
    dans_hexa = OUI;  /* suppose chiffre hexadécimal */
                           /* correct                        */
    for (; dans_hexa == OUI; ++i) {
         if (s[i] >= '0' && s[i] <= '9')
              chiffre_hexa = s[i] - '0';
         else if (s[i] >= 'a' && s[i] <= 'f')
              chiffre_hexa = s[i] - 'a' + 10;
         else if (s[i] >= 'A' && s[i] <= 'F')
              chiffre_hexa = s[i] - 'A' + 10;
         else
              dans_hexa = NON;     /* chiffre hexa      */
                                   /* incorrect         */
         if (dans_hexa == OUI)
              n = 16 * n + chiffre_hexa;
    }
    return n;
}
```

L'instruction `for (; dans_hexa == OUI; i++)` contrôle la fonction. L'entier `i` est l'indice du tableau `s`. Tant que `s[i]` est un chiffre hexadécimal admissible, `dans_hexa` reste à la valeur `OUI`, et la boucle continue. La variable `chiffre_hexa` prend une valeur numérique de 0 à 15.

L'instruction `if (dans_hexa == OUI)` garantit qu'un chiffre hexadécimal admissible était dans `s[i]` et que sa valeur est dans `chiffre_hexa` Quand la boucle se termine, `htoi` retourne la valeur de la variable `n`.

Cette fonction est semblable à `atoi` (K&R page 43).

Exercice 2-4 (K&R page 48)

Ecrivez une autre version de `tasser(s1, s2)` qui supprime tous les caractères de `s1` qui figurent aussi dans la chaîne `s2`.

```
/* tasser : détruit les car. de s1 présents dans s2 */
void tasser(char s1[], char s2[])

{
    int i, j, k;
```

```
    for (i = k = 0; s1[i] != '\0'; i++) {
         for (j = 0; s2[j] != '\0' &&
                     s2[j] != s1[i]   ; j++)
              ;
         if (s2[j] = '\0')        /* fin de chaîne ... */
              s1[k++] = s1(i);  /* s1[i] n'est pas   */
                                  /* dans s2           */
    }
    s1[k] = '\0';
}
```

La première instruction
`for (i = k = 0; s1[i] != '\0'; i++)`
initialise `i` et `k`, les indices de `s1` et de la chaîne résultat (également `s1`) respectivement. Chaque caractère de `s1` identique à l'un, quelconque, des caractères de `s2` est détruit. La boucle continue jusqu'à la fin de la chaîne `s1`.

La seconde instruction `for` compare chaque caractère de `s2` avec le caractère `s1[i]`. Cette boucle se termine lorsque tous les caractères de `s2` ont été comparés ou qu'il y a un caractère de `s2` égal à `s1[i]`. Si `s1[i]` n'est pas présent dans `s2`, `s1[i]` est copié sur la chaîne résultat. S'il est présent dans `s2`, le test :
`if (s2[j] == '\0')`
échoue et rien n'est fait avec `s1[i]` – il n'est pas copié sur la chaîne résultat (il est éliminé).

Exercice 2-5 (K&R page 48)

Ecrivez la fonction `ou(s1, s2)` qui retourne la première position de la chaîne `s1` qui contient un caractère quelconque de la chaîne `s2` ou bien -1 si `s1` ne contient aucun caractère de `s2`. (La fonction `strpbrk` de la bibliothèque standard fait la même chose mais elle retourne un pointeur sur la position en question).

```
/* où : donne la première position dans s1              */
/* où un caractère de s2 apparait                       */
int ou(char s1[], char s2[])
{
    int i,j;

    for (i = 0; s1[i] != '\0'; i++)   {
         for (j = 0; s2[j] != '\0'; j++)
              if (s1[i] == s2[j]) /* s1 contient un */
                                  /* car. de s2     */
                   return i;  /* position de ce car.  */
    }
    return -1;    /* s1 ne contient aucun car. de s2*/
```

```
}
```

L'instruction :

`for (i = 0; s1[i] != '\0'; i++)`

contrôle la boucle. Quand la boucle se termine normalement (on a épuisé les caractères de `s1`), un -1 est renvoyé pour indiquer qu'aucun caractère de `s2` n'a été trouvé dans `s1`.

La seconde instruction `for` :

`for (j = 0; s2[j] != '\0'; j++)`

est exécutée pour chaque valeur de `i`. Elle compare chaque caractère de `s2` avec `s1[i]`. Quand la boucle se termine parcequ'il y a coïncidence entre un caractère de `s2` et un caractère de `s1`, la fonction retourne `i`, la première position dans `s1` où un caractère de `s2` apparait.

Exercice 2-6 (K&R page 49)

Ecrivez une fonction `fixer_bits(x,p,n,y)` qui retourne la valeur obtenue en remplaçant les `n` bits de `x` commençant à la position `p` par les `n` bits de droite de `y`, sans toucher aux autres.

```
/* fixer_bits : remplace les n bits de x commençant */
/* à la pos. p par les n bits de droite de y.       */
unsigned fixer_bits(unsigned x, int p,
                    int n, unsigned y)
{
   return x & ~(~(~0 << n)  << (p+1-n)) |
         (y &   ~(~0 << n)) << (p+1-n);
}
```

Pour rendre `n` bits de `x` égaux aux `n` bits les plus à droite de `y`

```
xxx...xnnnx...xxx   x
yyy...........ynnn  y
```

nous devons mettre à 0 les `n` bits de `x`, mettre à 0 tous les bits de `y` sauf les `n` bits les plus à droite, les décaler à la position `p`, et faire un OU logique des deux quantités.

```
xxx...x000x...xxx   x
000...0nnn0...000   y
----------------------
xxx...xnnnx...xxx   x
```

`~0 << n` décale un champs de 1 de n positions vers la gauche, laissant n zéros aux positions les plus à droite.

`~(~0 << n)` met des 1 aux `n` positions les plus à droite et des 0 partout ailleurs.

`~(~0 << n) << (p+1-n)` décale les `n` bits à 1 en position `p` et `~(~(~0 << n) << (p+1-n))` met à 0 les `n` bits commençant à la position `p` et tous les autres bits à 1.

`x & ~(~(~0 << n) << (p+1-n))` fait un ET logique de cette valeur et de `x` pour mettre à 0 les `n` bits de `x` commençant en position `p`.

`~(~0 << n)` met des 1 aux `n` positions les plus à droite et des 0 partout ailleurs.

`y & ~(~0 << n)` sélectionne les `n` bits les plus à droite de `y`.

Et `(y & ~(~0 << n))` place ces `n` bits en commençant à la position `p`.

```
 x & ~(~(~0 << n)  << (p+1-n)) |
(y &    ~(~0 << n)) << (p+1-n);
```

Nous faisons un OU logique des deux valeurs pour les `n` bits de `x` commençant en position `p` égaux aux `n` bits les plus à droite de `y`, sans rien changer aux autres bits.

Exercice 2-7 (K&R page 49)

Ecrivez la fonction `inverser(x,p,n)` qui retourne la valeur obtenue en inversant les `n` bits de `x` commençant à la position `p` (c'est à dire en mettant les 1 à 0 et vice-versa), sans toucher aux autres.

```
/* inverser : inverse n bits de x à partir du p-ième*/
unsigned inverser(unsigned x, int p, int n)

{
    return(x^(~(~0 << n) << (p+1-n)));
}
```

D'abord, `(~0 << n)` décale tous les uns de `n` positions vers la gauche, laissant `n` zéros aux positions les plus à droite.

Ensuite, `~(~0 << n)` met les positions les plus à droite à un et toutes les autres à zéro.

Puis, `(~(~0 << n) << (p+1-n))` décale ces `n` bits mis à 1 en position `p`.

Enfin, `x^(~(~0 << n) << (n+1-p))`, l'opérateur de bits OU exclusif (`^`) donne un 1 quand les deux bits sont différents, autrement il donne un 0. Comme l'objectif est d'inverser les `n` bits à partir de la position `p`, il suffit de prendre le OU exclusif, opérateur de bits, de ces `n` bits et de `n` 1 commençant à la position `p` (avec des zéros partout ailleurs). Si le bit original est 0 : 0 OU exclusif 1 donne 1, il a été inversé. Si le bit original est 1 : 1 OU exclusif 1 donne

0, il a été inversé. A l'extérieur du champ de n bits commençant à la position p, on prend le OU exclusif des bits et de zéros : 0^0 donne 0 (les bits sont les mêmes) – rien ne change ; 1^0 donne 1 (les bits sont différents) – rien ne change. Seulement les n bits sont inversés.

Exercice 2-8 (K&R page 49)

Ecrivez la fonction rotdroite(x,n) qui retourne la valeur obtenue en faisant subir à x une permutation circulaire de n bits vers la droite.

```
/* rotdroite : permutation circulaire vers la         */
/*             droite de n bits de x                  */
 unsigned rotdroite(unsigned x, int n)

{
    int wordlength(void);
    int bitd;                    /* bit le plus à droite    */

    while (n-- > 0)  {
         bitd = (x & 1) << (wordlength() - 1);
         x = x >> 1; /* décale x d'une pos. à droite*/
         x = x | bitd; /* termine une permutation   */
    }
    return x;
}
```

Le bit de poids faible de x est mis dans rbit et décalé à la position la plus à gauche (wordlength() - 1 [taille_mot - 1]).

Ensuite, x est décalé d'une position vers la droite et on prend son OU, opérateur de bit, avec bitd pour terminer la permutation circulaire.

wordlength() est une fonction qui calcule la taille d'un mot sur la machine hôte.

```
/* wordlength : calcule la taille d'un mot machine   */
int wordlength()
{
     int i;
     unsigned v = (unsigned) ~0;

     for (i = 1; (v = v >> 1) > 0; i++)
          ;
     return i;
}
```

Voici une solution différente au même exercice :

```
/* rotdroite : permutation circulaire vers la         */
/*             droite de n bits de x                  */
unsigned rotdroite(unsigned x, int n)
```

```
{
    int wordlength(void);
    unsigned bitsd;

    if ((n = n % wordlength()) > 0) {
         bitsd = ~(~0 << n) & x;     /* n bits les + à*/
                                     /* droite de x   */
         bitsd = bitsd << (wordlength() - n);
                        /* n bits les + à droite décalés*/
                        /* vers la gauche               */
         x = x >> n; /* x décalé de n pos. à droite */

         x = x | bitsd; /* permutation accomplie    */
    }
    return x;
}
```

C'est une solution différente du même exercice. Si le nombre de positions (`n`) à permuter vers la droite est égal au nombre de bits représentant un entier, rien ne change puisque `x` est le même qu'avant la permutation. Si `n` est inférieur, on doit permuter `n` bits. Si `n` est supérieur au nombre de bits représentant un entier, on n'a besoin de permuter qu'un nombre de bits égal au reste de la division de `n` par la longueur d'un entier (opérateur modulo). Ainsi aucune boucle n'est nécessaire (on permute un champ entier de `n` ou `n % wordlength()` bits, N.d.T.).

`~0 << n`	tous les uns sont décalés de n positions vers la gauche laissant n zéros dans les positions les plus à droites
`~(~0 << n)`	tous les uns sont dans les n positions les plus à droite

Quand on prend le ET, opérateur de bits, de cette valeur et de `x`, les `n` bits les plus à droite de `x` sont affectés à `bitsd`. Maintenant, `x` peut être décalé de `n` positions vers la droite. Si `x` est un nombre négatif, le bit de signe peut avoir été propagé sur les machines qui font des décalages arithmétiques et doit être effacé. `bitsd` est alors décalé vers les positions les plus à gauche. On prend ensuite le OU, opérateur de bits, de cette valeur et de la valeur de `x` décalé vers la droite pour terminer la permutation circulaire de `n` bits vers la droite de l'entier `x`.

Exercice 2-9 (K&R page 51)

Dans un système de calcul en complément à deux, `x &= (x-1)` efface le bit le plus à droite de `x`. Pourquoi ? Servez-vous de cette remarque pour écrire une version plus rapide de `compter_bits`.

```
/*compter_bits : compte les bits à 1 dans x,           */
/*               version plus rapide                   */
int compter_bits(unsigned x)
{
    int b;

    for (b = 0; x != 0; x &= x-1)
         ++b;
    return b;
}
```

Prenons une valeur pour `x-1`, par exemple le nombre binaire 1010, qui s'écrit 10 en décimal. `(x-1) + 1` donne `x` :

```
binaire        décimal
1010   x-1     10
+  1           +1
-------        -------
1011   x       11
```

En binaire, une des conséquences de l'addition est que le bit valant 0 le plus à droite dans `x-1` passe à 1 dans le résultat `x`. Par conséquent, le bit valant 1 le plus à droite dans `x` a un correspondant dans `x-1` qui est à 0. C'est pourquoi `x & (x-1)`, dans un système de nombres complémentés à 2, met à 0 le bit valant 1 le plus à droite dans `x`.

Considérons une valeur non signée de quatre bits. Pour compter tous les bits à 1 de cette valeur, la version originale de `compter_bits` exécute quatre décalages, pour tester le bit le plus à droite. Une autre possibilité est d'utiliser le fait que `x & (x-1)` met à 0 le bit à 1 le plus à droite dans `x`. Par exemple, si `x` vaut 9,

```
1001   valeur 9 en binaire ( x )
1000   valeur 8 ( x-1 )
----
1000   x & (x-1)
```

et le bit valant 1 le plus à droite dans `x` a été détruit. Le résultat est 1000 en binaire, 8 en décimal. Répétons le processus,

```
1000   valeur 8 en binaire ( x )
0111   valeur 7 ( x-1 )
----
0000   x & (x-1)
```

et le bit valant 1 le plus à droite dans `x` a été détruit. Le résultat est 0000 en binaire, 0 en décimal. Il n'y a plus de bits valant 1 dans `x` et le processus s'arrête.

Le pire cas est celui où tous les bits de `x` sont à 1 – le nombre de ET est alors égal au nombre de décalages dans `compter_bits`. Globalement, cette version est plus rapide.

Exercice 2-10 (K&R page 52)

> Réécrivez la fonction `min`, qui convertit les majuscules en minuscules, à l'aide d'une expression conditionnelle au lieu d'un `if-else`.

```
/* min : convertit c en minuscule, ASCII seulement  */
int min(int c)

{
    return(c >= 'A' && c <= 'Z' ? c + 'a' - 'A' : c);
}
```

Quand la condition `c >= 'A' && c <= 'Z'` est vraie, `c` est une lettre majuscule (ASCII seulement). Alors, l'expression

`c + 'a' - 'A'`

est évaluée et une lettre minuscule est renvoyée. Autrement, le caractère est renvoyé inchangé.

3 Les structures de contrôle

Exercice 3-1 (K&R page 58)

Notre recherche dichotomique effectue deux comparaisons à l'intérieur de la boucle, alors qu'une seule suffirait (à condition d'en mettre d'autres à l'extérieur). Ecrivez une version ne comportant qu'une seule comparaison à l'intérieur de la boucle et mesurez la différence de temps d'exécution.

```
/* dicho : cherche x dans v[0]<=v[1]<=...<=v[n-1]*/
int dicho(int x, int v[], int n)
{
    int haut, bas, milieu;

    bas = 0;
    haut = n - 1;
    milieu = (bas+haut) / 2;
    while (bas <= haut && x != v[milieu]) {
        if (c < v[milieu])
            haut = milieu - 1;
        else
            bas = milieu + 1;
        milieu = (bas+haut) / 2;
    }
    if (x == v[milieu])
        return milieu;          /* on a trouvé x      */
    else
        return -1;          /* on n'a rien trouvé */
}
```

Nous changeons l'expression à l'intérieur de la boucle `while`

```
bas <= haut
```

en

```
bas <= haut && x != v[milieu]
```

de manière à n'utiliser qu'une seule instruction `if` à l'intérieur de la boucle. Ceci implique que nous devons calculer `milieu` avant que la boucle ne démarre et à chaque fois qu'elle est exécutée.

Nous avons besoin d'un test à l'extérieur de la boucle while pour déterminer si la boucle se termine parce que `x` apparait dans le tableau `v`. Si `x` apparait dans le tableau, `dicho` renvoie `milieu`, sinon elle renvoie `-1`.

La différence de temps d'exécution est minime. Nous n'avons pas gagné grand-chose sur le plan des performances, mais perdu en lisibilité du code.
Le code original en page 58 du K&R se lit mieux du début à la fin.

Exercice 3-2 (K&R page 60)

> Ecrivez une fonction `echap(s,t)` qui copie la chaîne `t` dans `s` en convertissant au passage les caractères tels que les fins de lignes et les tabulations, en séquences d'échappement visibles comme `\n` et `\t`. Utilisez un `switch`. Ecrivez aussi la fonction qui fait le travail inverse, c'est-à-dire qui convertit les séquences d'échappement en leurs caractères équivalents.

```
/* echap: copie la chaîne t dans s en transformant */
/* fin de ligne et tabulation en séquence visible. */
void echap(char s[], char t[])
{
    int i, j;

    for (i = j = 0; t[i] != '\0'; i++)
        switch (t[i]) {
        case '\n':      /* caractère de fin de ligne */
            s[j++] = '\\';
            s[j++] = 'n';
            break;
        case '\t':          /* caractère de tabulation*/
            s[j++] = '\\';
            s[j++] = 't';
            break;
        default:            /* tout autre caractère   */
            s[j++] = t[i];
            break;
        }
    s[j] = '\0';
}
```

L'instruction
    `for (i = j = 0; t[i] != '\0'; i++)`
contrôle la boucle. La variable `i` est l'indice de la chaîne de départ `t`, et `j` est l'indice de la chaîne modifiée `s`.

Il y a trois cas dans l'instruction `switch` : `'\n'` pour le caractère de fin de ligne, `'\t'` pour le caractère de tabulation et `default`. Si le caractère `t[i]` ne correspond pas à l'un des deux premiers cas, `echap` exécute le code étiqueté `default` : i.e. copie `t[i]` dans la chaîne `s`.

```
/* desechap : copie la chaîne t dans s ; convertit  */
/* séquences d'échappement en caractères équivalents*/
```

```
void desechap(char s[], char t[])
{
    int i, j;

    for (i = j = 0; t[i] != '\0'; i++)
        if (t[i] != '\\')
            s[j++] = t[i];
        else                /* cas d'un backslash    */
            switch (t[i++]) {
            case 'n':       /* vrai car. fin de ligne*/
                s[j++] = '\n';
                break;
            case 't':       /* vrai car. de tab.     */
                s[j++] = '\t';
                break;
            default:        /* tout autre caractère */
                s[j++] = '\\';
                s[j++] = t[i];
                break;
            }
    s[j] = '\0';
}
```

Si le caractère dans `t[i]` est un backslash, alors nous utilisons une instruction `switch` pour convertir `\n` en caractère de fin de ligne et `\t` en caractère de tabulation. `default` traite le cas d'un backslash suivi de n'importe quel autre caractère, et copie le backslash suivi de `t[i]` dans `s`.

Les instructions `switch` peuvent être imbriquées. Voici une solution différente au même problème :

```
/* desechap : copie la chaîne t dans s ; convertit   */
/* séquences d'échappement en caractères équivalents*/
void desechap(char s[], char t[])
{
    int i, j;

    for (i = j = 0; t[i] != '\0'; i++)
        switch (t[i]) {
        case '\\':          /* cas d'un backslash    */
            switch (t[i++]) {
            case 'n':       /* vrai car. fin de ligne*/
                s[j++] = '\n';
                break;
            case 't':       /* vrai car. de tab.     */
                s[j++] = '\t';
                break;
            default:        /* tout autre caractère  */
                s[j++] = '\\';
                s[j++] = t[i];
                break;
            }
            break;
        default:        /* ce n'est pas un backslash */
            s[j++] = t[i];
```

```
            break;
        }
    s[j] = '\0';
}
```

L'instruction `switch` extérieure traite le caractère backslash d'un coté et tous les autres caractères de l'autre (`default`). Le cas du backslash utilise une autre instruction `switch`, comme dans la solution précédente.

Exercice 3-3 (K&R page 63)

Ecrivez une fonction `developper(s1, s2)` qui, lorsqu'elle rencontre des abréviations comme `a-z` dans la chaîne `s1`, les écrit sous leur forme développée `abc...xyz` dans `s2`. La fonction devra traiter des lettres majuscules ou minuscules et des chiffres. Prévoyez des cas comme `a-b-c`, `a-z0-9` et `-a-z` et faire en sorte que les - qui figurent au début ou à la fin soient copiés tels quels.

```
/* developper : développe abréviations de s1 dans s2*/
void developper(char s1[], char s2[])
{
    char c;
    int i, j;

    i = j = 0;
    while ((c = s1[i++]) != '\0')       /* prend un     */
                                        /* car. de s1   */
        if (s1[i] == '-' && s1[i+1] >= c) {
            i ++;
            while (c < s1[i])           /* développe    */
                s2[j++] = c++;        /* l'abréviation */
        } else
            s2[j++] = c;                /* copie car.   */
    s2[j] = '\0';
}
```

La fonction prend un caractère de `s1`, le conserve dans `c`, et ensuite regarde le caractère suivant. Si le caractère suivant est - et que le caractère qui le suit est supérieur ou égal à `c`, `developper` étend la notation abrégée. Autrement, `developper` copie le caractère dans `s2`.

`developper` fonctionne pour les caractères `ASCII`. La notation `a-z` est étendue en liste équivalente `abc...xyz`. La notation `!-~` est étendue en `!"#...ABC...XYZ...abc...xyz...|}~`.

Cette solution a été fournie par Axel Schreiner de l'Université d'Osnabruck en Allemagne Fédérale.

Exercice 3-4 (K&R page 64)

Dans un système de représentation des nombres en complément à deux, notre version de `itoa` ne peut pas traiter le plus grand nombre négatif, c'est-à-dire la valeur de `n` égale à $-(2^{\text{taille du mot - 1}})$. Pourquoi ? Modifiez `itoa` de façon à ce qu'elle traite ce cas correctement, quelle que soit la machine utilisée.

```
#define  abs(x)    ((x) < 0 ? -(x) : (x))

/* itoa: convertit n en chaîne de car. s - modifié  */
void itoa(int n , char s[])
{
    int i, signe;
    void inverser(char s[]);

    signe = n;                        /* mémorise le signe */
    i = 0;
    do  {                       /* donne les chiffres de n */
                                /* en ordre inverse        */
        s[i++] = abs(n % 10) + '0'; /* prend le           */
                                    /* chiffre suivant */
    } while ((n /= 10) != 0);       /* l'efface dans n */
    if (signe < 0)
        s[i++] = '-';
    s[i] = '\0';
    inverser(s);
}
```

$-(2^{\text{taille du mot - 1}})$ ne peut pas être converti en un nombre positif comme dans `n = -n;` car le plus grand nombre positif dans une représentation en complément à 2 est : $(2^{\text{taille du mot - 1}}) - 1$

La variable `signe` conserve la valeur initiale de `n`. La macro `abs` donne la valeur absolue de `n % 10`. Ceci évite le problème de $-(2^{\text{taille du mot - 1}})$ car seul le résultat de l'opérateur modulo est rendu positif. L'expression conditionnelle dans l'instruction `do-while` a été transformée de `(n /= 10) > 0` en `(n /= 10) = 0` car si `n` est négatif, il le reste durant toute l'exécution de `itoa`.

Exercice 3-5 (K&R page 64)

Ecrivez la fonction `itob(n,s,b)` qui convertit l'entier `n` en sa représentation dans la base `b` et place le résultat dans la chaîne `s`. En particulier, `itob(n,s,16)` écrit `n` dans `s` sous forme hexadécimale.

```
/* itob : convertit n en chaîne de car. s - base b */
void itob(int n, char s[], int b)
{
    int i, j, signe;
```

```
    void inverser(char s[]);

    if ((signe = n) < 0)        /* enregistre le signe */
        n = -n;                 /* rend n positif      */
    i = 0;
    do {     /* génère les chiffres en ordre inverse */
        j = n % b;                 /* chiffre suivant */
        s[i++] = (j <= 9) ? j+'0' : j+'a'-10;
    } while ((n /= b) > 0);     /* détruit le chiffre */
                                /* calculé            */
    if (signe < 0)
        s[i++] = '-';
    s[i] = '\0';
    inverser(s);
}
```

La valeur contenue dans `n` est convertie en base `b` ; `n % b` retourne un chiffre entre 0 et `b-1` et `n /= b` détruit ce chiffre dans `n`. La boucle continue tant que `n/b` est supérieur à zéro.

Exercice 3-6 (K&R page 64)

Ecrivez une version `itoa` qui prend un troisième argument indiquant la largeur minimum de la chaîne convertie ; il faudra le cas échéant compléter `s` en ajoutant des espaces à gauche du nombre pour atteindre la largeur minimum.

```
#define  abs(x)    ((x) < 0 ? -(x) : (x))

/* itoa : convertit n en chaîne de caractères s      */
/*        avec w caractères de large                 */
void itoa(int n, char s[], int w)
{
    int i, signe;
    void inverser(char s[]);

    signe = n;                      /* mémorise le signe */
    i = 0;
    do  {                   /* donne les chiffres de n */
                            /* en ordre inverse        */
        s[i++] = abs(n % 10) + '0';  /* prend le    */
                                  /* chiffre suivant */
    }  while ((n /= 10) != 0);    /* l'efface dans n */
    if (signe < 0)
         s[i++] = '-';
    while (i < w)          /* complète avec des blancs */
         s[i++] = ' ';
    s[i] = '\0';
    inverser(s);
}
```

Cette fonction est analogue à `itoa` dans l'exercice 3-3. La modification nécessaire est :

```
while (i < w)
      s[i++] = ' ';
```

La boucle `while` complète la chaîne s avec des blancs si nécessaire.

4 : Les fonctions et la structure des programmes

Exercice 4-1 (K&R page 70)

Ecrivez une fonction `chposd(s, t)` qui retourne la position de l'occurrence *la plus à droite* de `t` dans `s`, ou bien `-1` si `t` ne figure pas dans `s`.

```
/*chposd    : renvoie position de l'occurrence de   */
/*            t la plus à droite dans s, ou -1 si t */
/*            n'apparait pas dans s                 */
int chposd(char s[], char t[])
{
   int i, j, k, pos;

   pos = -1;

   for (i = 0; s[i] != '\0'; i++)   {
      for (j=i,k-0; t[k]!='\0' && s[j]==t[k]; j++,k++)
            ;
      if (k > 0 && t[k] == '\0')
         pos = i;
   }
   return pos;
}
```

`chposd` est analogue à la fonction `chpos` (K&R page 69). Dans `chpos`, quand une occurrence est rencontrée, la position du premier élément de `t` dans `s` est renvoyé au programme appelant. En revanche, `chposd` conserve cette position et continue sa recherche de la dernière occurrence (la plus à droite) de `t` dans `s` :

```
         if (k > 0 && t[k] == '\0')
              pos = i;
```

Une autre solution possible est :

```
#include <string.h>
```

```
/*chpostd    : renvoie position de l'occurrence de   */
/*             t la plus à droite dans s, ou -1 si t */
/*             n'apparait pas dans s                 */
int chposd(char s[], char t[])
{
   int i, j, k, pos;

   for (i = strlen(s) - strlen(t); i >= 0; i--)  {
      for (j=i,k=0; t[k]!='\0' && s[j]==t[k]; j++,k++)
         ;
      if (k > 0 && t[k] == '\0')
         return i;
   }
   return -1;
}
```

C'est une solution plus efficace du même problème. On commence à la fin de la chaîne `s` moins la taille de la chaîne `t`. S'il n'y a pas égalité, `chposd` recule d'un caractère et recommence. Dès que `chposd` trouve `t` dans `s`, elle retourne `i`; `i` est déjà la position la plus à droite de `t` dans `s`.

Exercice 4-2 (K&R page 73)

Perfectionnez la fonction `atof` de sorte qu'elle traite la notation scientifique de la forme

`123.45e-6`

où le nombre en virgule flottante peut être suivi d'un `e` ou d'un `E`, et d'un éventuel exposant signé.

```
#include <ctype.h>

 /* atof : convertit chaîne s en double précision */
 /*        accepte la notation scientifique       */
double atof(char s[])
{
    double val, puiss;
    int exp, i, signe;

    for (i=0; isspace(s[i]); i++)
         ;   /* saute les caractères d'espacement */
    signe = (s[i] == '-') ? -1 : 1;
    if (s[i] == '+' || s[i] == '-')
        i++;

    for (val = 0.0; isdigit(s[i]); i++)
         val = 10.0 * val + (s[i] - '0');
    if (s[i] == '.')
         i++;
    for (puiss = 1.0; isdigit(s[i]); i++) {
         val = 10.0 * val + (s[i] - '0'); /* partie */
```

```
                                        /* fractionnaire */
          puiss *= 10.0;
     }
     val = signe * val / puiss;

     if (s[i] == 'e' || s[i] == 'E')  {
          signe = (s[i] == '-') ? -1 : 1;
          if (s[i] == '+' || s[i] == '-')
              i++;
          for (exp = 0; isdigit(s[i]); i++)
               exp = 10 * exp + (s[i] -'0');
          if (signe == 1)
               while (exp-- > 0) /* exposant positif */
                    val *= 10;
          else
               while (exp-- > 0) /* exposant négatif */
                    val /= 10;
     }
     return val;
}
```

La première moitié de la fonction est une copie de `atof` (K&R page 71). La fonction passe les espaces vides, enregistre le signe, et calcule le nombre. A ce moment la fonction `atof` originale renvoie le nombre ainsi calculé et la version modifiée traite la notation scientifique.

La seconde moitié du programme traite l'éventuel exposant. Si il n'y a pas d'exposant, le nombre rangé dans `val` est renvoyé au programme appelant. S'il y a un exposant, son signe est mis dans la variable `signe` et sa valeur est calculée et rangée dans la variable `exp`.

L'opération finale :

```
          if (signe == 1)
               while (exp-- > 0)
                    val *= 10;
          else
               while (exp-- > 0)
                    val /= 10;
```

ajuste la valeur du nombre en fonction de celle de l'exposant. Si l'exposant est positif, le nombre est multiplié `exp` fois par 10. Si l'exposant est négatif, le nombre est divisée `exp` fois par 10. `val` contient alors le nombre final qui est renvoyé au programme appelant.

`val` est divisé par 10 plutôt que multiplié par 0.1, car 0.1 n'est pas une fraction exacte en binaire. Sur la plupart des machines, 0.1 est représenté par quelque chose de légèrement inférieur à 0.1 et par conséquent, 10.0 fois 0.1 donne rarement 1.0. Il vaut donc mieux diviser plusieurs fois par 10 que multiplier plusieurs fois par 0.1, mais même dans le premier cas, il y a une perte de précision.

Exercice 4-3 (K&R page 78)

A partir de sa structure fondamentale, il est très simple d'améliorer la calculatrice. Ajoutez-lui l'opérateur modulo (`%`) et permettez lui de traiter les nombre négatifs.

```
#include <stdio.h>
#include <math.h>         /* pour atof()                    */

#define MAXOP    100 /* taille maximale d'un opérande
                        ou d'un opérateur              */
#define NOMBRE   '0' /*indique que l'on a lu un nbre */

int lire_op(char[]);
void empiler(double);
double depiler(void);

/* calculatrice en polonaise inversée                    */
main()
{
    int type;
    double op2;
    char s[MAXOP];

    while ((type = lire_op(s)) != EOF)  {
        switch (type)  {
        case NOMBRE:
            empiler(atof(s));
            break;
        case '+':
            empiler(depiler() + depiler());
            break;
        case '*':
            empiler(depiler() * depiler());
            break;
        case '-':
            op2 = depiler();
            empiler(depiler() - op2);
            break;
        case '/':
            op2 = depiler();
            if (op2 != 0.0)
               empiler(depiler() / op2);
            else
               printf("erreur : division par zéro\n");
            break;
        case '%':                        /* modulo */
            op2 = depiler();
            if (op2 != 0.0)
               empiler(fmod(depiler(), op2));
            else
               printf("erreur : division par zéro\n");
            break;
        case '\n':
            printf("\t%.8g\n", depiler());
            break;
```

```
        default:
            printf(
                "erreur : commande inconnue %s\n", s);
            break;
        }
    }
    return 0;
}
```

Nous avons modifié le programme principal ainsi que la fonction `lire_op`. Les fonctions `empiler` et `depiler` (K&R page 76) restent les mêmes.

L'opérateur modulo (`%`) est traité comme la division (`/`). La fonction de la bibliothèque `fmod` calcule le reste de la division des deux éléments au sommet de la pile. `op2` est l'élément au sommet de la pile.

Voici la fonction `lire_op` modifiée :

```
#include <stdio.h>
#include <string.h>
#include <ctype.h>

#define NOMBRE  '0' /*indique que l'on a lu un nbre */
int lirecar(void);
void remettrecar(int);

/* lire_op : lit le prochain opérateur ou opérande
          numérique                                   */
int lire_op(char s[])
{
    int c, i;

    while ((s[0] = c = lirecar()) == ' ' || c == '\t')
        ;
    s[1] = '\0';
    i = 0;
    if (!isdigit(c) && c != '.' && c != '-')
        return c;           /* ce n'est pas un nombre */
    if (c == '-')
        if (isdigit(c = lirecar()) || c == '.')
            s[++i] = c;     /* c'est un nombre négatif*/
        else {
            if (c != EOF)
                remettrecar(c);
            return '-';     /* c'est le signe moins    */
        }
    if (isdigit(c))          /* lire la partie entière */
        while (isdigit(s[++i] = c = lirecar()))
            ;
    if (c == '.')          /* lire partie fractionnaire */
        while (isdigit(s[++i] = c = lirecar()))
            ;
    s[i] = '\0';
    if (c != EOF)
        remettrecar(c);
```

```
    return NOMBRE;
}
```

`lire_op` regarde un caractère après le signe moins pour déterminer s'il a affaire à un nombre négatif. Par exemple

```
    - 1
```

est un signe moins suivi d'un nombre. Mais

```
    -1.23
```

est un nombre négatif.

Ce calculateur étendu peut traiter :

```
    1    -1    +
    -10   3    %
```

La première expression (1 + -1) donne zéro. La seconde expression donne -1.

Exercice 4-4 (K&R page 78)

Ajoutez des commandes permettant d'afficher l'élément du sommet de pile sans le depiler, de le dupliquer, et d'échanger les deux éléments du sommet. Ajoutez une commande qui vide la pile.

```
#define MAXOP   100 /* taille maximale d'un opérande
                       ou d'un opérateur            */
#define NOMBRE  '0' /*indique que l'on a lu un nbre */

int lire_op(char[]);
void empiler(double);
double depiler(void);
void vide(void);

/* calculatrice en polonaise inversée               */
main()
{
    int type;
    double op1, op2;
    char s[MAXOP];

    while ((type = getop(s)) != EOF)  {
        switch (type)  {
        case NOMBRE:
            empiler(atof(s));
            break;
        case '+':
            empiler(depiler() + depiler());
            break;
        case '*':
            empiler(depiler() * depiler());
            break;
        case '-':
            op2 = depiler();
```

```
            empiler(depiler() - op2);
            break;
        case '/':
            op2 = depiler();
            if (op2 != 0.0)
               empiler(depiler() / op2);
            else
               printf("erreur : division par zéro\n");
            break;
        case '?': /* imprime él. en sommet de pile */
           op2 = dépiler();
           printf("\t%.8g\n", op2);
           empiler(op2);
           break;
        case 'c':             /* vide la pile (clear) */
           vide();
           break;
        case 'd':  /*duplique él. en sommet de pile*/
           op2 = depiler();
           empiler(op2);
           empiler(op2);
           break;
        case 's':    /* échange éléments en sommet */
                     /* de pile (swap)             */
           op1 = depiler();
           op2 = depiler();
           empiler(op1);
           empiler(op2);
           break;
        case '\n':
            printf("\t%.8g\n", depiler());
            break;
        default:
            printf(
                "erreur : commande inconnue %s\n", s);
            break;
        }
    }
    return 0;
}
```

L'opérateur fin de ligne (`\n`) enlève l'élément en sommet de pile et l'imprime. Nous avons ajouté un nouvel opérateur, `'?'`, qui enlève l'élément en sommet de pile, l'imprime et le remet sur la pile. Nous n'enlevons pas définitivement l'élément du sommet de la pile, comme le fait l'opérateur fin de ligne, mais nous utilisons néanmoins la séquence `depiler`, `printf`, `empiler` de manière à éviter que le programme principal n'ait accès à la pile ou aux variables décrivant sa position courante.

Pour dupliquer l'élément en sommet de pile, nous le dépilons puis l'empilons deux fois de suite.

Pour intervertir les deux éléments en sommet de pile, nous les dépilons, puis les empilons dans l'ordre inverse.

Il est facile de vider la pile : il suffit de mettre bp à zéro. Nous avons donc ajouté une fonction qui fait exactement cela, et nous la mettons aux cotés d'empiler et depiler. Ainsi, seules les fonctions qui maintiennent la pile font référence à la pile et aux variables qui décrivent sa position courante.

```
/* vide : vide la pile                                        */
void vide(void)
{
     sp = 0;
}
```

Exercice 4-5 (K&R page 78)

Ajoutez l'accès à des fonctions de la bibliothèque comme sin, exp et pow. Référez-vous à <math.f> dans l'annexe B, section 4.

```
#include <stdio.h>
#include <string.h>
#include <math.h>         /* pour atof()                      */

#define MAXOP    100 /* taille maximale d'un opérande
                        ou d'un opérateur                     */
#define NOMBRE   '0' /*indique que l'on a lu un nbre */
#define NOM      'n' /* indique un nom a été trouvé   */

int lire_op(char[]);
void empiler(double);
double depiler(void);
void fnctmath(char s[]);

/* calculatrice en polonaise inversée                         */
main()
{
    int type;
    double op2;
    char s[MAXOP];

    while ((type = getop(s)) != EOF)  {
        switch (type)  {
        case NOMBRE:
            empiler(atof(s));
            break;
        case NOM:
            fnctmath(s);
            break;
        case '+':
            empiler(depiler() + depiler());
            break;
        case '*':
            empiler(depiler() * depiler());
            break;
```

```
        case '-':
            op2 = depiler();
            empiler(depiler() - op2);
            break;
        case '/':
            op2 = depiler();
            if (op2 != 0.0)
               empiler(depiler() / op2);
            else
               printf("erreur : division par zéro\n");
            break;
        case '\n':
            printf("\t%.8g\n", depiler());
            break;
        default:
            printf(
                "erreur : commande inconnue %s\n", s);
            break;
        }
    }
    return 0;
}

/* fnctmath : regarde si s contient une fonction      */
/*            mathématique reconnue                   */
void fnctmath(char s[])
{
    double op2;

    if (strcmp(s, "sin") == 0)
        empiler(sin(depiler()));
    else if (strcmp(s, "cos") == 0)
        empiler(cos(depiler()));
    else if (strcmp(s, "exp") == 0)
        empiler(exp(depiler()));
    else if (strcmp(s, "pow") == 0) {
        op2 = depiler();
        empiler(pow(depiler(), op2));
    } else
        printf("erreur : %s n'est pas traitée\n", s);
}
```

La nouvelle fonction `lire_op` :

```
#include <stdio.h>
#include <string.h>
#include <ctype.h>

#define NOMBRE  '0' /*indique que l'on a lu un nbre */
#define NOM     'n' /* indique un nom a été trouvé   */

int lirecar(void);
void remettrecar(int);

/* lire_op : lit le prochain opérateur ou opérande
          numérique                                  */
```

```
int lire_op(char s[])
{
    int c, i;

    while ((s[0] = c = lirecar()) == ' ' || c == '\t')
        ;
    s[1] = '\0';
    i = 0;
    if (islower(c)) {     /* une commande ou un NOM  */
        while (islower(s[++i] = c = lirecar()))
            ;
        s[i] = '\0';
        if (c != EOF)
            remettrecar(c);   /* un car. trop loin */
        if (strlen(s) > 1)        /* plus d'un car. */
            return NOM;           /* c'est un NOM   */
        else
            return c;     /* peut être une commande */
    }
    if (!isdigit(c) && c != '.' && c != '-')
        return c;             /* ce n'est pas un nombre */
    if (c == '-')
        if (isdigit(c = lirecar()) || c == '.')
            s[++i] = c;   /* c'est un nombre négatif*/
        else {
            if (c != EOF)
                remettrecar(c);
            return '-';   /* c'est le signe moins   */
        }
    if (isdigit(c))         /* lire partie entière    */
        while (isdigit(s[++i] = c = lirecar()))
            ;
    if (c == '.')        /* lire partie fractionnaire */
        while (isdigit(s[++i] = c = lirecar()))
            ;
    s[i] = '\0';
    if (c != EOF)
        remettrecar(c);
    return NOMBRE;
}
```

Nous avons modifié `lire_op` pour être capable de lire une chaîne de lettres minuscules, et de la retourner avec le type NOM. Le programme principal reconnait NOM comme un type valide et invoque `fnctmath`.

La fonction `fnctmath` est nouvelle. Elle exécute une série d'instructions `if` jusqu'à ce qu'elle trouve un nom de fonction correspondant à `s` ou bien elle émet une erreur. Si la chaîne `s` est l'une des fonctions reconnues, `fnctmath` prélève suffisamment d'éléments sur la pile et appelle la fonction mathématique. La fonction mathématique retourne une valeur qui est mise en sommet de pile par `fnctmath`.

Par exemple, `sin` prend un argument en radians, et le sinus de PI/2 est 1.

```
3.14159265 2 / sin
```

La première opération divise PI par 2 et place le résultat en sommet de pile. La fonction `sin` prend l'élément en sommet de pile, calcule son sinus et replace le résultat en sommet de pile.

```
3.14159265 2 / sin 0 cos +
```

donne 2 car le sinus de PI/2 vaut un et le cosinus de zéro vaut également un.

```
5 2 pow 4 2 pow +
```

élève 5 à la puissance 2, puis 4 à la puissance 2 et ajoute ces deux valeurs.

`lire_op` ne connait pas les noms de fonctions en tant que tels ; il se contente de retourner une chaîne quand il en rencontre une. Ainsi, il est trivial d'inclure de nouvelles fonctions dans `fnctmath`.

Exercice 4-6 (K&R page 78)

Ajoutez des commandes qui traitent des variables. (On peut facilement donner accès à vingt-six variables dont les noms sont composés d'une seule lettre). Ajoutez une variable qui représente la valeur la plus récemment affichée.

```
#include <stdio.h>
#include <math.h>          /* pour atof()                  */

#define MAXOP    100 /* taille maximale d'un opérande
                        ou d'un opérateur              */
#define NOMBRE   '0' /*indique que l'on a lu un nbre */

int lire_op(char[]);
void empiler(double);
double depiler(void);

/* calculatrice en polonaise inversée                  */
main()
{
   int type;
   double op2;
   char s[MAXOP];
   double variable[26];

   while ((type = getop(s)) != EOF)  {
       switch (type)  {
        case NOMBRE:
            empiler(atof(s));
            break;
        case '+':
            empiler(depiler() + depiler());
            break;
        case '*':
```

```
                empiler(depiler() * depiler());
                break;
            case '-':
                op2 = depiler();
                empiler(depiler() - op2);
                break;
            case '/':
                op2 = depiler();
                if (op2 != 0.0)
                   empiler(depiler() / op2);
                else
                   printf("erreur : division par zéro\n");
                break;
          case '=':
             depiler();
             if (var >= 'A' && var <= 'Z')
                variable[var - 'A'] = depiler();
             else
                printf(
                  "erreur: pas de variable de ce nom\n");
             break;
          case '\n':
             v = depiler();
             printf("\t%.8g\n", v);
             break;
          default:
             if (type >= 'A' && type <= 'Z')
                empiler(variable[type - 'A']);
             else if (type == 'v')
                empiler(v);
             else
                printf(
                   "erreur : commande inconnue %s\n", s);
             break;
          }
          var = type;
    }
    return 0;
}
```

Les variables ajoutées sont les lettres majuscules de `A` à `Z`. Ces lettres servent d'indice au tableau contenant les variables. Nous avons ajouté une variable minuscule `v` qui contient la dernière valeur affichée.

Quand le programme rencontre un nom de variable (`A-Z` ou `v`), il met sa valeur en sommet de pile. Nous avons aussi un nouvel opérateur, `'='`, qui assigne un élément de la pile à la variable dont le nom a été donné auparavant. Par exemple :

```
    3 A =
```

assigne la valeur 3 à la variable `A`. Ensuite :

```
    2 A +
```

ajoute 2 à 3 (la valeur de la variable `A`). Lorsqu'il reçoit l'opérateur fin de ligne, le programme affiche 5 et assigne la valeur 5 à `v`. Si l'opération suivante est :

```
    v 1 +
```

cela donne 6 (5 + 1).

Exercice 4-7 (K&R page 78)

Ecrivez une fonction `remettrech(s)` qui remet une chaîne `s` entière sur l'entrée. `remettrech` doit-elle avoir accès à `tamp` et `ptamp`, ou doit-elle seulement se servir de `remettrecar` ?

```
#include <string.h>

/* remettrech : remet une chaîne sur l'entrée          */
void remettrech (char s[])
{
    int long = strlen(s);
    void remettrecar(int);

    while (long > 0)
        remettrecar(s[--long]);
}
```

La variable `long` contient le nombre de caractères de la chaîne `s` (en excluant le caractère de fin de chaîne `'\0'`), qui est déterminé par la fonction `strlen` (K&R page 39).

La fonction `remettrecar` (K&R page 78) est appelée `long` fois, chaque fois remettant un des caractères de la chaîne `s` sur l'entrée. Le dernier caractère de `s` (`s[long-1]`) est remis en premier et le premier caractère de `s` (`s[0]`) est remis en dernier.

`tamp` et `ptamp` n'ont pas à être connus par `remettrech`. La fonction `remettrecar` s'occupera de `tamp`, `ptamp` et du traitement des erreurs.

Exercice 4-8 (K&R page 78)

Supposez qu'il n'y aura jamais plus d'un caractère à remettre sur l'entrée. Modifier alors en conséquence `lirecar` et `remettrecar`.

```
#include <stdio.h>

char tamp = 0;

/* lirecar : lit un caractère (éventuellement          */
/*           remis sur l'entrée )                      */
int lirecar(void)
{
    int c;
```

```
    if (tamp != 0)
        c = tamp;
    else
        c = getchar();
    tamp = 0;
    return c;
}

/* remettrecar : remet c sur l'entrée                 */
void remettrecar(int c)
{
    if (tamp != 0)
        printf("remettrecar : trop de caractères\n");
    else
        tamp = c;
}
```

Le tampon, `tamp`, n'est plus déclaré comme un tableau puisqu'il ne contiendra jamais plus d'un caractère à la fois.

`tamp` est initialisé à zéro lorsque le programme est chargé, et `lirecar` remet `tamp` à zéro chaque fois qu'il lit un caractère. `remettrecar` teste si le tampon est vide avant de remettre un caractère dedans. S'il n'est pas vide, `remettrecar` émet un message d'erreur.

Exercice 4-9 (K&R page 78)

Nos fonctions `lirecar` et `remettrecar` ne traitent pas correctement le cas d'un caractère de fin de fichier (`EOF`) remis sur l'entrée. Trouvez quelles doivent être leurs propriétés s'il faut remettre un `EOF`, puis écrivez votre version.

```
#include <stdio.h>

#define  TAILLETAMP  100

int tamp[TAILLETAMP];     /* tampon pour remettrecar */
int ptamp = 0;  /* prochaine position libre ds tamp */

/* lirecar : lit un caractère (éventuellement         */
/*             remis sur l'entrée )                    */
int lirecar(void)
{
    return((ptamp > 0) ? tamp[--ptamp] : getchar());
}

/* remettrecar : remet c sur l'entrée                 */
void remettrecar(int c)
{
    if (ptamp >= TAILLETAMP)
```

```
            printf("remettrecar : trop de caractères\n");
    else
            tamp[ptamp++] = c;
}
```

Dans les fonctions `lirecar` et `remettrecar` (K&R page 78), le tampon `tamp` est déclaré comme un tableau de caractères :

```
    char tamp[TAILLETAMP];
```

Le langage C n'impose pas à une variable de type `char` d'être `signed` ou `unsigned` (signée ou non signée). Quand une variable de type `char` est convertie en une variable de type `int`, cela peut ne jamais produire un nombre négatif. Sur certains ordinateurs, si le bit le plus à gauche d'une variable de type char est un 1, la conversion en un `int` donnera un nombre négatif. Sur d'autres ordinateurs, un char est converti en un `int` en ajoutant des zéros à l'extrémité gauche. Cette conversion produira toujours un nombre positif, que le bit le plus à gauche soit un 1 ou pas.

En notation hexadécimale, -1 est 0xFFFF. Quand un 0xFFFF est rangé dans un char, le nombre réellement rangé est 0xFF. Quand 0xFF est converti en un int, cela peut donner 0x00FF, ce qui est 255, ou 0xFFFF, c'est à dire -1.

nombre négatif	->	caractère	->	entier
0xFFFF		0xFF		0x00FF (255)
0xFFFF		0xFF		0xFFFF (-1)

Pour garantir la portabilité, le tampon `tamp`, doit être déclaré comme un tableau d'entier : `int tamp[TAILLETAMP];`. Il n'y aura pas de conversions et `EOF` (-1), ou tout autre nombre négatif sera traité de manière portable.

Exercice 4-10 (K&R page 78)

On peut organiser le programme différemment en se servant de `lireligne`, afin de lire une ligne entière en entrée ; cela permet de se passer de `lirecar` et `remettrecar`. Modifiez la calculatrice pour qu'elle fonctionne ainsi.

```
#include <stdio.h>
#include <ctype.h>

#define MAXLIGNE 100;
#define NOMBRE  '0' /*indique que l'on a lu un nbre */

int lireligne(char ligne[], int max);

int li = 0;             /* indice dans ligne d'entrée */
char ligne[MAXLIGNE]; /* une ligne entrée            */

/* lire_op : lit le prochain opérateur ou opérande
            numérique                              */
int lire_op(char s[])
```

```
{
    int c, i;

    if (ligne[li] == '\0')
        if (lireligne(ligne, MAXLIGNE) == 0)
            return EOF;
        else
            li = 0;

    while ((s[0] = c = ligne[li++])==' ' || c == '\t')
        ;
    s[1] = '\0';
    if (!isdigit(c) && c != '.')
        return c;           /* ce n'est pas un nombre  */
    i = 0;
    if (isdigit(c))         /* récupère partie entière */
        while (isdigit(s[++i] = c = ligne[li++]))
            ;
    if (c == '.')   /* récupère partie fractionnaire */
        while (isdigit(s[++i] = c = ligne[li++]))
            ;
    s[i] = '\0';
    li--;
    return NOMBRE;
}
```

Au lieu d'utiliser `lirecar` et `remettrecar`, nous utilisons `lireligne` dans la fonction `lire_op`. `ligne` est un tableau contenant une ligne entière à la fois ; `li` est l'indice du caractère suivant dans `ligne`. Nous avons déclaré `ligne` et `li` comme variables externes plutôt que locales pour que leurs valeurs soient conservées entre deux appels, ce qui n'est pas le cas pour des variables locales.

Si `lire_op` est à une fin de ligne (et que nous n'avons pas encore de ligne)

```
    if (ligne[li] == '\0')
```

alors `lire_op` appelle `lireligne` pour lire une ligne.

La fonction `lire_op` originale (K&R page 77) invoque `lirecar` à chaque fois qu'elle veut un autre caractère. Dans cette version, nous avons le caractère à la position `li` dans ligne et nous incrémentons `li`. A la fin de la fonction, au lieu d'appeler `remettrecar` pour remettre un caractère dans le tampon, nous décrémentons `li` car nous sommes allés un caractère trop loin.

Ne pas oublier que n'importe quelle fonction peut modifier les variables externes de n'importe quelle autre fonction, donc `li` et `ligne` pourraient être modifiées par une fonction autre que `lire_op`. Parfois nous voulons éviter que cela se produise, et nous déclarons de telles variable comme statiques. Nous ne l'avons pas fait ici car les variables statiques ne sont introduites qu'à la page 81 du K&R.

Exercice 4-11 (K&R page 82)

Modifiez `lire_op` de sorte qu'elle n'ait pas besoin d'utiliser `remettrecar`. Conseil : servez-vous d'une variable statique interne.

```
#include <stdio.h>
#include <ctype.h>

#define  NOMBRE    '0' /* signale nbre a été trouvé */

int lirecar(void);

/* lire_op : lit le prochain opérateur ou opérande
           numérique                                   */
int lire_op(char s[])
{
    int c, i;
    static int dernierc = 0;

    if (dernierc == 0)
        c = lirecar();
    else {
        c = dernierc;
        dernierc = 0;
    }

    while ((s[0] = c) == ' ' || c == '\t')
        lirecar();
    s[1] = '\0';
    if (!isdigit(c) && c != '.')
        return c;          /* ce n'est pas un nbre    */
    i = 0;
    if (isdigit(c))        /* récupère partie entière */
        while (isdigit(s[++i] = c = lirecar()))
            ;
    if (c == '.')   /* récupère partie fractionnaire */
        while (isdigit(s[++i] = c = lirecar()))
            ;
    s[i] = '\0';
    if (c != EOF)
        dernierc = c;
    return NOMBRE;
}
```

Nous avons modifié `lire_op` en lui ajoutant une variable interne statique qui conserve le dernier caractère qui nous devrions remettre sur le fichier en entrée. Comme nous n'utilisons pas `remettrecar`, nous conservons ce caractère dans `dernierc`.

Quand `lire_op` est appelé, il teste d'abord s'il y a un caractère dans `dernierc`. S'il n'y en a pas, la fonction appelle `lirecar` pour avoir un nouveau caractère. S'il y a un caractère dans `dernierc`, la fonction le copie dans `c` et met `dernierc` à zéro. La première instruction `while` a été légèrement changée. En effet, `lire_op` n'a besoin de lire un nouveau caractère qu'une fois qu'il a examiné le caractère courant dans `c`.

Exercice 4-12 (K&R page 87)

Servez-vous des idées de `affd` pour écrire un version récursive de `itoa` ; c'est-à-dire convertissez un entier en une chaîne en faisant appel à une fonction récursive.

```
#include <math.h>

/* itoa : convertit n en chaîne ; récursive     */
void itoa(int n, char s[])
{
    static int i;

    if (n/10)
        itoa(n / 10, s);
    else {
        i = 0;
        if (n < 0)
            s[i++] = '-';
    }
    s[i++] = abs(n) % 10 + '0';
    s[i]   = '\0';
}
```

`itoa` prend deux arguments : un entier `n` et un tableau de caractères `s`. Si le résultat de la division entière `n/10` n'est pas zéro, alors `itoa` s'appelle avec `n/10` :

```
if (n / 10)
    itoa(n / 10, s);
```

Quand `n/10` vaut zéro dans l'un des appels récursifs, nous sommes en train de traiter le chiffre le plus significatif (le plus à gauche) de `n`. Nous utilisons la variable statique `i` comme indice de notre tableau `s`. Si `n` est négatif, nous mettons un signe moins en première position dans `s` et incrémentons `i`. Au fur et à mesure que `itoa` retourne de ses appels récursifs, elle calcule les chiffres de gauche à droite. Remarquez que chaque niveau ajoute un `'\0'` pour terminer la chaîne et que le niveau suivant réécrit par dessus le `'\0'`, sauf le dernier.

Exercice 4-13 (K&R page 87)

Ecrivez une version récursive de la fonction `inverser(s)`, qui inverse la chaîne s sur elle-même.

```
/* inverser : inverse la chaîne s                              */
void inverser(char s[])
{
    void inverser_rec(char s[], int i, int long);

    inverser_rec(s, 0, strlen(s));
}

/* inverser_rec : inverse la chaîne s (récursive)    */
inverser_rec(char s[], int i, int long)
{
    int c, j;

    j = long - (i + 1);

    if (i < j)  {
        c = s[i];
        s[i] = s[j];
        s[j] = c;
        inverser_rec(s, ++i, long);
    }
}
```

La fonction `inverser` doit avoir la même interface utilisateur quelle que soit l'implémentation. Par conséquent, seule la chaîne de caractères est passée en argument à `inverser`.

La solution obtenue en n'utilisant que les constructions du langage vues avant cet exercice est assez maladroite. `inverser` détermine la longueur de la chaîne et ensuite appelle `inverser_rec` qui effectue l'inversion.

Trois paramètres sont passés à `inverser_rec`. `s` est la chaîne à inverser, `i` est l'indice du caractère de gauche et `long` est la longueur de la chaîne (`strlen(s)`, K&R page 39). Au départ, `i` est initialisé à 0.

`j` est l'indice du caractère de droite de la chaîne. `j` est calculé par

```
j = long - (i + 1);
```

Les caractères de gauche et de droite de la chaîne sont échangés. Par exemple, les deux premiers caractères à être échangés sont `s[0]` et `s[long-1]`, et les deux suivants sont `s[1]` et `s[long-2]`. L'indice du caractère de gauche est incrémenté de 1 chaque fois que `inverser_rec` est appelé :

```
inverser_rec(s, ++i, long);
```

Les échanges continuent jusqu'à ce que les deux indices correspondent au même caractère (`i == j`) ou bien que le caractère de gauche soit à droite du caractère de droite (`i > j`).

Ceci n'est pas une bonne application de la récursivité. Certains problèmes se prêtent naturellement à des solutions récursives — voir, par exemple, la fonction `affarbre` (K&R page 139). D'autres sont mieux résolus sans la récursivité. `inverser` est l'un d'entre eux.

Exercice 4-14 (K&R page 89)

Définissez une macro `echanger(t, x, y)` qui échange deux arguments de type `t`. (Servez-vous d'une structure en blocs).

```
#define echanger(t, x, y) {      t _z;  \
                                _z = y; \
                                 y = x; \
                                 x = _z; }
```

Nous utilisons les accolades pour définir un nouveau bloc. Au début du bloc, nous déclarons une variable locale. `_z` est une variable locale de type `t` qui permet d'échanger les deux arguments.

Cette macro fonctionne si aucun des arguments n'est `_z`. Si l'un des arguments s'appelle `_z`, `echanger(int, _z, x);`, alors quand la macro est remplacée, elle devient :
`{int _z; _z = _z; _z = x; x = _z;}`
et les deux arguments ne sont pas échangés. Nous supposons que `_z` ne sera pas utilisé comme nom de variable.

5 Les pointeurs et les tableaux

Exercice 5-1 (K&R page 95)

Comme nous l'avons dit, `lire_int` traite le signe + ou – non suivi d'un chiffre comme une représentation correcte de zéro. Arrangez-vous pour qu'un tel caractère soit remis sur le flot d'entrée.

```
#include <stdio.h>
#include <ctype.h>

int lirecar(void);
void remettrecar(int);

/* lire_int : lit l'entier suivant en entrée et le */
/*            stocke dans *pn                       */
int lire_int(int *pn)
{
    int c, d, signe;

    while (isspace(c = lirecar()))
        ;      /* saute les caractères d'espacement */
    if (!isdigit(c) && c! EOF && c!='+' && c!='-') {
        remettrecar(c)    /* c n'est pas un chiffre */
        return 0;
    }
    signe = (c == '-') ? -1 : 1;
    if (c == '+' || c == '-') {
        d = c;          /* conserve le car. de signe */
        if (!isdigit(c = lirecar())) {
            if (c != EOF)
                remettrecar(c);/* remet tout ce qui */
                            /* n'est pas un chiffre */
            remettrecar(d);  /* remet car. de signe */
            return d;    /* renvoie le car. de signe */
        }
    }
    for (*pn = 0; isdigit(c); c = lirecar())
        *pn = 1- * *pn + (c - '0');
```

```
    *pn *= signe;
    if (c != EOF)
        remettrecar(c);
    return c;
}
```

Quand il y a un caractère de signe, `lire_int` le sauvegarde dans `d` et prend le caractère suivant. Si le caractère suivant n'est ni un chiffre, ni `EOF`, `lire_int` le remet sur l'entrée. Ensuite la fonction remet le caractère de signe sur l'entrée et le retourne pour indiquer cette situation.

Exercice 5-2 (K&R page 95)

Ecrivez la fonction `lire_float`, identique à la fonction `lire_int` mais travaillant sur des nombres à virgule flottante. Quel est le type de la valeur que doit retourner `lire_float` ?

```
#include <stdio.h>
#include <ctype.h>

int lirecar(void);
void remettrecar(int);

/* lire_float : prend en entrée le prochain nombre */
/*              à virgule flottante                */
int lire_float (float *pn)
{
    int c, signe;
    float puissance;

    while (isspace(c = lirecar()))
        ;                             /* passe les blancs */
    if (!isdigit(c) && c!=EOF &&
        c!='+' && c!='-' && c!='.') {
        remettrecar(c);    /* c n'est pas un chiffre */
        return 0;
    }
    signe = (c == '-') ? -1 : 1;
    if (c == '+' || c == '-') {
       c = lirecar();
    }
    for (*pn = 0.0; isdigit(c); c = lirecar())
       *pn = 10.0 * *pn + c - '0'; /* partie entière*/
    if (c == '.')
       c = lirecar();
    for (puissance = 1.0; isdigit(c); c=lirecar())  {
       *pn = 10.0 * *pn + c - '0'; /* partie fract. */
       puissance *= 10.0;
    }
    *pn *= signe / puissance;         /* nombre final */
```

```
    if ( c != EOF)
       remettrecar(c);
    return c;
}
```

La fonction `lire_float` est analogue à la fonction `lire_int` (K&R page 97). `lire_float` passe les espaces vides, enregistre le signe et range la partie entière du nombre dans la zone pointée par `pn`.

`lire_float` traite également la partie fractionnaire du nombre (mais pas la notation scientifique). La partie fractionnaire est ajoutée à `*pn` de la même manière que la partie entière :

```
    *pn = 10.0 * *pn + c - '0';
```

Ensuite, `*pn` est divisée par la variable `puissance` pour ajuster le nombre en fonction de la partie fractionnaire. Pour chaque chiffre pris après le point décimal, la variable `puissance` est multipliée par 10. Par exemple, si 0 chiffre suit le point décimal, `puissance` vaut 1, si 1 chiffre suit le point décimal, puissance vaut 10, et si 3 chiffres suivent le point décimal, `puissance` vaut 1000.

Après que tous les chiffres de la partie fractionnaire ont été enregistrés, le nombre final est calculé. Le nombre final est multiplié par `signe` et divisé par `puissance`:

```
    *pn *= signe / puissance ;.
```

Comme dans `lire_int` , soit `EOF` soit la valeur ASCII du caractère suivant le nombre, est retourné. Le type du résultat retourné est aussi `int`.

Exercice 5-3 (K&R page 104)

Ecrivez une version de la fonction `strcat`, que nous avons présentée au Chapitre 2, en utilisant des pointeurs ; `strcat(s, t)` recopie la chaîne de caractères `t` à la suite de la chaîne `s`.

```
/* strcat : concatène t à la fin de s                  */
/*          version avec pointeurs                     */
void strcat(char *s, char *t)
{
    while (*s)
         s++;
    while (*s++ = *t++)
         ;
}
```

Au départ, `s` et `t` pointent vers le début des chaînes de caractères.

La première boucle `while` incrémente le pointeur `s` jusqu'à ce qu'il trouve le caractère de fin de chaîne (`'\0'`). L'instruction `while (*s)` est vraie tant que le caractère de fin de chaîne n'est pas rencontré (`*s != '\0'`).

La seconde boucle `while` ajoute la chaîne `t` à la chaîne `s` :

```
while (*s++ = *t++)
        ;
```

L'instruction ci-dessus rend l'objet pointé par `s` égal à l'objet pointé par `t`, incrémente les deux pointeurs et continue tant que `t` ne pointe pas vers un caractère de fin de chaîne (`*t != '\0'`).

Exercice 5-4 (K&R page 104)

Ecrivez la fonction `finchaine(s, t)` qui retourne 1 si la chaîne `t` apparait à la fin de la chaîne `s`, et zéro sinon.

```
/* finchaine : retourne 1 si la chaîne t apparait    */
/*             à la fin de la chaîne s               */
finchaine (char *s, char *t)
{
    char *ds = s;      /* conserve début des chaînes */
    char *dt = t;

    for ( ; *s; s++)            /* fin de la chaîne s */
        ;

    for ( ; *t; t++)            /* fin de la chaîne t */
        ;

    for ( ; *s == *t; s--, t--)
        if (t == dt || s == ds)
            break;      /* début des chaînes atteint */
    if (*s == *t && t == dt && *s != '\0')
        return 1;
    else
        return 0;
}
```

Nous conservons l'adresse du début des chaînes dans les pointeurs `ds` et `dt`, et nous cherchons la fin des chaînes comme dans `strcat`. Pour déterminer si `t` apparait à la fin de `s`, nous commençons par comparer le dernier caractère de `s` avec le dernier caractère de `t`, et remontons vers le début des chaînes.

`finchaine` retourne 1 (la chaîne `t` apparait à la fin de la chaîne `s`) si les caractères de `t` sont égaux à ceux de `s`, le pointeur `t` pointe de nouveau sur le début de la chaîne `t`, et les chaînes ne sont pas vides :

```
if (*s == *t && t == dt && *s != '\0')
    return 1;
```

Exercice 5-5 (K&R page 104)

Ecrivez des versions des fonctions de la bibliothèque standard `strncopy`, `strncat` et `strncmp`, qui travaillent sur au plus les `n` premiers caractères des chaînes de caractères données en arguments. Par exemple, `strncpy (s, t, n)` recopie au plus `n` caractères de `t` dans `s`. Les descriptions complètes se trouvent à l'annexe B.

```
/* strncpy : copie n caractères de t dans s                */
void strncpy(char *s, char *t, int n)
{
    while (*t && n-- > 0)
        *s++ = *t++;
    while (n-- > 0)
        *s++ = '\0';
}

/* strncat : concatène n car. de t à la fin de s           */
void strncat(char *s, char *t, int n)
{
    void strncpy(char *s, char *t, int n);
    int strlen(char *);

    strncpy(s+strlen(s), t, n);
}

/* strncmp : compare au plus n car. de t avec s            */
int strncmp(char *s, char *t, int n)
{
    for ( ; *s == *t; s++, t++)
        if (*s == '\0' || --n <= 0)
            return 0;
    return *s - *t;
}
```

Les fonctions `strncpy` et `strncat` sont du type `void` comme `strcpy` en page 105 du K&R. Les versions de bibliothèque de ces fonctions renvoient un pointeur vers le début de la chaîne cible.

`strncpy` copie au plus `n` caractères de `t` dans `s`. Si `t` a moins de `n` caractères, nous complétons avec des `'\0'`.

`strncat` appelle `strcpy` pour copier au plus `n` caractères de la chaîne `t` à la fin de la chaîne `s`.

`strncmp` compare au plus `n` caractères de `t` avec ceux de `s`. La fonction est analogue à `strcmp` (K&R page 106). Ici nous terminons la comparaison quand nous rencontrons la fin des chaînes ou quand nous avons comparé `n` caractères avec succès :

```
        if (*s == '\0' || --n <= 0)
            return 0;
```

Exercice 5-6 (K&R page 104)

Réécrivez des programmes appropriés des chapitres précédents en utilisant des pointeurs à la place des tableaux indexés. On trouvera entre autres de bonnes possibilités dans les programmes suivants : `lire_ligne` (chapitres 1 et 4), `atoi`, `itoa` et leurs différentes versions (chapitres 2, 3 et 4), `inverser` (chapitre 3) ainsi que `chpos` et `lire_op` (chapitre 4).

```
#include <stdio.h>

/* lire_ligne : lit une ligne dans s,                     */
/*              et retourne sa longueur                   */
int lire_ligne(char *s, int lim)
{
    int c;
    char *t = s;

    while (--lim > 0 && (c=getchar())!=EOF && c!='\n')
         *s++ = c;
    if (c == '\n')
         *s++ = c;
    *s = '\0';
    return s-t;
}
```

`lire_ligne` reçoit un pointeur vers un tableau de caractères. Nous utilisons `*s` au lieu de `s[i]` pour accéder à un élément du tableau, et nous incrémentons le pointeur s pour parcourir le tableau.

L'instruction `s[i++] = c;` est équivalente à `*s++ = c;`.
Au début de la fonction, s pointe vers le premier élément de la chaîne, et nous conservons cette adresse dans le pointeur `t` : `char *t = s;`.

Après qu'une ligne a été prise, s pointe vers le caractère de fin de chaîne (`'\0'`). `t` pointe toujours vers le premier caractère de la ligne, la longueur de la ligne est donc `s-t`.

```
#include <ctype.h>

/* atoi : convertit s en entier, version pointeurs  */
int atoi(char *s)
{
    int n, signe;

    for ( ; isspace(*s); s++)
         ;     /* saute les caractères d'espacement */
    signe = (*s == '-') ? -1 : 1;
    if (*s == '+' || *s == '-')  /* signe du nombre */
        s++;
    for (n = 0; isdigit(*s); s++)
         n = 10 * n + *s - '0'; /* valeur du nombre */
    return signe * n;
}
```

`s[i]` est équivalent à `*s`. `s[i++]` est équivalent à `*s++`.

```
void inverser(char *s);

/* itoa : convertit n en caractères dans s              */
/*        version avec pointeurs                        */
void itoa(int n, char *s)
{
    int signe;
    char *t = s;      /* enregistre s (pointeur         */
                      /* vers le premier caractère )  */
    if ((signe = n) < 0)      /* enregistre le signe */
        n = -n;
    do {     /* donne les chiffres en ordre inverse */
       *s++ = n % 10 + '0'; /* donne chif. suivant */
    } while ((n /= 10) > 0);             /* l'efface */
    if (signe < 0)
        *s++ = '-';
    *s = '\0';
    inverser(t);
}
```

Le pointeur vers un caractère `t`, est initialisé pour pointer vers le premier élément de la chaîne : `char *t = s;`.

L'instruction

```
    *s++ = n % 10 + '0';
```

est équivalente à

```
    s[i++] = n % 10 + '0';
```

Nous appelons `inverser` en lui passant un pointeur vers le début de la chaîne `s`.

```
#include <string.h>

/* inverser : inverse la chaîne s                       */
/*            version avec pointeurs                    */
void inverser(char *s)
{
    int c;
    char *t;

    for (t = s + (strlen(s)-1); s < t; s++, t--)  {
         c  = *s;
         *s = *t;
         *t = c;
    }
}
```

`s` pointe vers le premier élément de la chaîne. Nous faisons pointer le pointeur vers un caractère `t` vers le dernier caractère de la chaîne (sans compter le caractère de fin de chaîne `'\0'`) : `t = s + (strlen(s)-1)`.

`*s` est équivalent à `s[i]` et `*t` est équivalent à `s[j]`. Le test de la boucle for `s<t` est équivalent au test `i<j`. `s++` a le même effet que l'incrémentation de l'indice `i` (`i++`) et `t--` a le même effet que la décrémentation de l'indice `j` (`j--`).

```
/* chpos : renvoie indice de t ds s, ou -1 si t    */
/* n'est pas dans s ; version avec pointeurs        */
chpos(char *s, char *t)
{
    char *d = s;              /* début de la chaîne s */
    char *p, *r;

    for (; *s != '\0'; s++)  {
         for (p=s, r=t; *r!='\0' && *p==*r; p++, r++)
              ;
         if (r > t && *r == '\0')
              return s - d;
    }
    return -1;
}
```

`s[i]` est remplacé par `*s`, `s[j]` est remplacé par `*p` et `t[k]` est remplacé par `*r`. d est un pointeur vers un caractère qui pointe toujours vers le premier élément de la chaîne `s` (`s[0]`). `p=s` est équivalent à `j=i`. `r=t` est équivalent à `k=0`.

Quand l'instruction `if` est vraie, `if (r > t && *r == '\0')`, une occurrence de `t` est rencontrée et la position de `t` dans `s` est renvoyée :

```
        return s - d
```

```
/* atof : convertit s en double précision              */
/*        version avec pointeurs                        */
double atof(char *s)
{
    double val, puissance;
    int signe;

    for ( ; isspace(*s); s++)
        ;     /* saute les caractères d'espacement */
    signe = (*s++ == '-') ? -1 : 1;
    if (*s == '+' || *s == '-')    /* signe du nbre */
        s++;
    for (val = 0; isdigit(*s); s++)
        val = 10 * val + *s - '0';
    if (*s == '.')
        s++;
    for (puissance = 1; isdigit(*s); s++)   {
        val = 10 * val + *s - '0';
        puissance *= 10;
    }
    return signe * val / puissance;
}
```

`s[i++]` est équivalent à `*s++`.

```
#include <stdio.h>
#include <ctype.h>

#define  NOMBRE  '0'      /* signale nbre est trouvé */

int lirecar(void);
void remettrecar(int);

/* lire_op:prend le prochain opérateur ou opérande  */
/*         version avec pointeurs                   */
int lire_op(char *s)
{
    int c;

    while ((*s = c = lirecar()) == ' ' || c == '\t')
         ;
    *(s+1) = '\0';
    if (!isdigit(c) && c != '.')
         return c;         /* c n'est pas un nombre   */
    if (isdigit(c))        /* prend la partie entière */
        while (isdigit(*++s = c = lirecar()))
            ;
    if (c == '.')  /* prend la partie fractionnaire */
        while (isdigit(*++s = c = lirecar()))
            ;
    *s = '\0';
    if (c != EOF)
        remettrecar(c);
    return NOMBRE.
}
```

Nous utilisons des pointeurs à la place des références à des éléments d'un tableau. Les modifications sont triviales. Au lieu de

```
s[1] = '\0';
```

nous utilisons

```
*(s+1) = '\0';
```

pour mettre un marqueur de fin de chaîne en deuxième position du tableau sans changer le pointeur.

Exercice 5-7 (K&R page 108)

Réécrivez `lirelignes` de façon à stocker les lignes dans un tableau fourni par `main`, plutôt que d'appeler `allouer` pour obtenir de l'espace mémoire. Dans quelle proportion ce programme est-il plus rapide ?

```
#include <string.h>

#define  LONGMAX  100
           /* longueur maximum des lignes en entrée  */
```

```
#define  STOCMAX  1000
          /* taille espace mémoire utile pour */
          /* le stockage                      */

int lireligne(char *, int);

/* lirelignes : lit les lignes en entrée            */
int lirelignes(char *ptrlig[],
               char *stockelig, int lig)
{
    int long, nlig;
    char ligne[LONGMAX];
    char *p = stockelig;
    char *lignestop = stockelig + STOCMAX;

    nlig = 0;
    while ((long= lireligne(ligne, LONGMAX)) > 0)
         if (nlig >= lig  || p+long > lignestop)
              return(-1);
         else  {
              ligne[long-1] = '\0';
               /* détruit le car. de fin de ligne */
              strcpy(p, ligne);
              ptrlig[nlig++] = p;
              p += long;
         }
    return nlig;
}
```

La programme `main` fournit le tableau `stockelig`, qui enregistre les lignes obtenues par `lirelignes`. Le pointeur vers un caractère `p` est initialisé pour pointer vers le premier élément de `stockelig`:

```
char *p = stockelig.
```

La fonction `lirelignes` originale (K&R page 109) utilise la fonction `allouer` (K&R page 101) :

```
if (nlig >= lig || (p = allouer(long)) == NULL)
```

Dans cette version, `ligne` est rangée dans `stockelig` en commençant à la position `p`. L'instruction :

```
if (nlig >= lig || p + long > lignestop)
```

garantit qu'il y a suffisamment de place disponible dans `stockelig`.

La réécriture de `lirelignes` rend le programme légèrement plus rapide.

Exercice 5-8 (K&R page 110)

Il n'y a aucun test d'erreur dans les fonctions `jour_annee` et `mois_et_jour`. Remédiez à ce défaut.

```
static char tabjour[2][13] = {
  {0, 31, 28, 31, 30, 31, 30, 31, 31, 30, 31, 30, 31},
  {0, 31, 28, 31, 30, 31, 30, 31, 31, 30, 31, 30, 31}
};

/* jour_annee : donne le jour de l'année à partir du*/
/*              mois et du jour                      */
int jour_annee(int annee, int mois, int jour)
{
    int i, jourplus;

    jourplus = annee%4 == 0 && annee%1000 != 0
         || annee%400==0;
    if (mois < 1 || mois > 12)
        return -1;
    if (jour < 1 || jour > tabjour[jourplus][mois])
        return -1;
    for (i = 1; i < mois; i++)
        jour += tabjour[jourplus][i];
    return jour;
}

/* mois_et_jour : donne le mois et le jour à partir */
/*                du jour de l'année                 */
int mois_et_jour(int annee, int jourannee,
                 int *pmois, int *pjour)
{
    int i, jourplus;

    if (annee <1) {
        *pmois = -1;
        *pjour = -1;
        return;
    }
    jourplus = annee % 4 == 0 && annee % 1000 != 0
         || annee % 400 == 0;
    for (i = 1; i <= 12 &&
              jourannee > tabjour[jourplus][i]; i++)
        jourannee -= tabjour[jourplus][i];
    if (i > 12 && jourannee > tabjour[jourplus][12]) {
        *pmois = -1;
        *pjour = -1;
    } else {
        *pmois = i;
        *pjour = jourannee;
    }
}
```

Dans `jour_annee` nous testons si `mois` et `jour` ont des valeurs raisonnables. Si `mois` est inférieur à 1 ou supérieur à 12, `jour_annee` retourne -1.

Si `jour` est inférieur à 1 ou supérieur au nombre de jours du mois `mois`, la fonction retourne -1.

Dans `mois_et_jour`, nous testons d'abord si `annee` est négatif ou nul. Vous pouvez vouloir ajouter ce test dans `jour_annee` également. Ensuite nous décrémentons `jourannee` tout en vérifiant que le mois (l'indice `i`) ne dépasse pas 12. Si la boucle se termine avec le mois 13 et que la valeur dans `jourannee` dépasse le nombre de jours du dernier mois de l'année, alors `jourannee` avait une valeur incorrecte au départ, et nous mettons le mois et le jour à -1. Sinon c'est que la fonction `mois_et_annee` a reçu une valeur correcte.

Exercice 5-9 (K&R page 112)

Réécrivez les fonctions `jour_annee` et `mois_et_jour` en utilisant les pointeurs au lieu des indices.

```
static char tabjour[2][13] = {
  {0, 31, 28, 31, 30, 31, 30, 31, 31, 30, 31, 30, 31},
  {0, 31, 28, 31, 30, 31, 30, 31, 31, 30, 31, 30, 31}
};


/* jour_annee : donne le jour de l'année à partir du*/
/*              mois et du jour                     */
int jour_annee(int annee, int mois, int jour)
{
    int jourplus;
    char *p;

    jourplus = annee % 4 == 0 && annee % 1000 != 0
          || annee % 400 == 0;

    p = tabjour[jourplus];
    while (--mois)
         jour += *++p;
    return jour;
}

/* mois_et_jour : donne le mois et le jour à partir */
/*                du jour de l'année                */
int mois_et_jour(int annee, int jourannee,
                int *pmois, int *pjour)
{
    int jourplus;
    char *p;

    jourplus = annee % 4 == 0 && annee % 1000 != 0
          || annee % 400 == 0;
```

```
    p = tabjour[jourplus];
    while (jourannee > *++p)
         jourannee -= *p;
    *pmois = p - *(tabjour + jourplus);
    *pjour = jourannee ;
}
```

`p` pointe vers la première ou la deuxième ligne du tableau `tabjour` selon la valeur de `jourplus` :

```
    p = tabjour[jourplus];
```

La boucle `for` de la fonction `jour_annee` originale :

```
    for (i = 1; i < mois; i++)
         jour += tabjour[jourplus][i];
```

est équivalente à la boucle `while` :

```
    p = tabjour[jourplus];
    while (--mois)
         jour += *++p;
```

dans la nouvelle version.

Dans la fonction `mois_et_jour` originale, la boucle `for` :

```
    for (i = 1; jourannee > tabjour[jourplus][i]; i++)
         jourannee -= tabjour[jourplus][i];
```

est équivalente aux instructions

```
    p = tabjour[jourplus];
    while (jourannee > *++p)
         jourannee -= *p;
```

dans la nouvelle version.

Exercice 5-10 (K&R page 115)

Ecrivez le programme `expr` qui évalue une expression écrite en notation polonaise inversée dans la ligne de commande, où chaque opérateur ou opérande est un argument distinct. Par exemple :

```
        expr 2 3 4 + *
```

calcule 2 x (3 + 4).

```
#include <stdio.h>
#include <math.h>         /* pour atof()               */

#define MAXOP    100 /* taille maximale d'un opérande
                        ou d'un opérateur            */
#define NOMBRE   '0' /*indique que l'on a lu un nbre */

int lire_op(char[]);
void remettrech(char []);
void empiler(double);
double depiler(void);
```

```
/* calculateur notation polonaise inversée         */
/* version avec ligne de commande                  */
main(int argc, char *argv[])
{
    char s[MAXOP];
    double op2;

    while (--argc) {
        remettrech(" "); /* remet marqueur fin     */
                         /* d'argument sur l'entrée */
        remettrech(*++argv);      /* remet argument */
                                  /* sur l'entrée   */
        switch (lire_op(s))  {
        case NOMBRE:
            empiler(atof(s));
            break;
        case '+':
            empiler(depiler() + depiler());
            break;
        case '*':
            empiler(depiler() * depiler());
            break;
        case '-':
            op2 = depiler();
            empiler(depiler() - op2);
            break;
        case '/':
            op2 = depiler();
            if (op2 != 0.0)
               empiler(depiler() / op2);
            else
               printf("erreur : division par zéro\n");
            break;
         default:
            printf(
               "erreur : commande inconnue %s\n", s);
            argc = 1;
            break;
         }
    }

    printf("\t%.8g\n", pop());
    return 0;
}
```

Cette solution est fondée sur le calculateur en notation polonaise inverse de la page 75 du K&R. Elle utilise les fonctions `empiler` et `depiler` (K&R page 76).

Nous utilisons `remettrech` pour empiler un marqueur de fin d'argument et un argument sur l'entrée. Ceci nous permet d'utiliser `lire_op` directement, sans modification. `lire_op` appelle `lirecar` pour lire les caractères et lit ainsi l'opérateur ou opérande numérique suivant.

Si une erreur survient lors de la lecture des arguments, `argc` est mis à 1. La boucle `main` dans le programme principal

```
    while (--argc > 0)
```

devient alors fausse et le programme se termine.

Le résultat d'une expression valide est en sommet de pile, et nous l'imprimons quand la boucle se termine.

Exercice 5-11 (K&R page 115)

Modifiez les programmes `tabuler` et `detabuler` (écrits en exercices au chapitre 1) de façon à ce qu'ils acceptent une liste de taquets de tabulation en arguments. Utilisez la pose de tabulation par défaut s'il n'y a aucun argument.

```
#include <stdio.h>

#define  MAXLIGNE  100    /* taille max. d'une ligne */
#define  INCTAB    8      /* incrément de tabulation */
#define  OUI       1
#define  NON       0

void posetab(int argc, char *argv[], char *tab);
void tabuler(char *tab);
int positiontab(int pos, char *tab);

/* remplace les séries d'espaces par tabulations    */
main (int argc, char *argv[])
{
    char tab[MAXLIGNE+1];

    posetab(argc, argv, tab);   /*initialise taquets */
                                /* de tabulation     */
    tabuler(tab);     /* remplace chaînes de blancs  */
    return 0;         /* par tabulations et blancs   */
}

/* tabuler : remplace les séries d'espaces par des
             tabulations et des espaces             */
void tabuler(char *tab)
{
    int c, pos;
    int nb = 0;          /* nbre de blancs nécessaires */
    int nt = 0;          /* nbre de tabul. nécessaires */

    for (pos = 1; (c = getchar()) != EOF; pos++)
       if (c == ' ') {
          if (positiontab(pos, tab) == NO)
            ++nb;          /* incrémente nbr de blancs */
          else  {
             nb = 0;     /* remplace blancs par tab. */
```

```
                ++nt;
            }
        } else {
            for ( ; nt > 0; nt--)
                putchar('\t'); /* écrit les tabulations*/
            if (c == '\t')     /* abandonne les blancs */
                nb = 0;
            else               /* écrit les blancs     */
                for ( ; nb > 0; nb--)
                    putchar(' ');
            putchar(c);
            if (c == '\n')
                pos = 0;
            else if (c == '\t')
                while (positiontab(pos, tab) != OUI)
                    ++pos;
        }
}
```

Le fichier source posetab.c :

```
#include <stdlib.h>

#define  MAXLIGNE  100   /* taille max. d'une ligne */
#define  INCTAB    8     /* incrément de tabulation */
#define  OUI       1
#define  NON       0

/* posetab : initialise taquets de tabulation        */
void posetab(int argc, char *argv[], char *tab)
{
    int i, pos;

    if (argc <= 1)          /* tabulation par défaut */
        for (i = 1; i <= MAXLIGNE; i++)
            if (i % INCTAB == 0)
                tab[i] = OUI;
            else
                tab[i] = NON;
    else {        /* taquets de tabulation fournis  */
        for (i = 1; i <= MAXLIGNE; i++)
            tab[i] = NON; /* désactive taq. de tab.*/
        while (--argc > 0)  {       /* parcourt la  */
            pos = atoi(*++argv);  /* liste d'arg. */
        if (pos > 0 && pos <= MAXLIGNE)
            tab[pos] = OUI;
        }
    }
}
```

Le fichier source positiontab.c :

```
#define  MAXLIGNE  100   /* taille max. d'une ligne */
#define  OUI       1

/* positiontab : détermine si la position est un    */
```

```
/*                  taquet de tabulation                    */
int positiontab(int pos, int tab[])
{
    if (pos > MAXLIGNE)
         return OUI;
    else
         return tab[pos];
}
```

La structure de cette solution est celle du programme `entab` de Software Tools de Kernighan & Plauger (Addison-Wesley, 1976).

Chaque élément du tableau `tab` correspond à une position à l'intérieur de la ligne, i.e. `tab[1]` correspond à la première position à l'intérieur de la ligne (`pos` égal à 1). Si la position est un taquet de tabulation, alors l'élément correspondant `tab[i]` vaut `OUI` ; sinon `tab[i]` vaut `NON`.

Les taquets de tabulation sont initialisés dans la fonction `posetab`. S'il n'y a pas d'arguments (`argc` vaut 1), alors un taquet de tabulation est mis toute les `INCTAB` positions. S'il y a des arguments, les taquets sont mis aux positions spécifiées par l'utilisateur.

Cette fonction est analogue à celle de l'exercice 1-21.

La fonction `positiontab` détermine si la position est un taquet de tabulation ou si elle est supérieure au nombre maximum de caractères par lignes (`MAXLIGNE`). Si elle est supérieure à `MAXLIGNE` alors `OUI` est renvoyé, sinon `tab[pos]` est renvoyé.

```
#include <stdio.h>

#define  MAXLIGNE  100    /* taille max. d'une ligne */
#define  INCTAB    8      /* incrément de tabulation */
#define  OUI       1
#define  NON       0


void posetab(int argc, char *argv[], char *tab);
void detabuler(char *tab);
int positiontab(int pos, char *tab);


/* remplace tabulations par séries d'espaces          */
main (int argc, char *argv[])
{
    char tab[MAXLIGNE+1];

    posetab(argc, argv, tab);  /*initialise taquets */
                               /* de tabulation      */
    detabuler(tab);         /* remplace tabulations  */
    return 0;               /* par chaînes de blancs */
}

/* detabuler : remplace les tabulations par des
```

```
                espaces                                     */
void detabuler(char *tab)
{
    int c, pos = 1;

    while ((c = getchar()) != EOF)
         if (c == '\t')  {             /* tabulation     */
              do
                   putchar(' ');
              while (positiontab(++pos, tab) != OUI);
         } else if (c == '\n') {      /* fin de ligne */
              putchar(c);
              pos = 1;
         } else  {                     /* autres         */
              putchar(c);
              ++pos;
         }
}
```

La structure de cette solution est celle du programme `detab` de Software Tools de Kernighan & Plauger (Addison-Wesley, 1976).

Les fonctions `positiontab` et `posetab` sont les mêmes que dans la première partie de l'exercice.

Cette fonction est analogue à celle de l'exercice 1-19.

Exercice 5-12 (K&R page 115)

Etendez les programmes `tabuler` et `detabuler` pour qu'ils acceptent des notations abrégées telles que

`tabuler -m +n.`

signifiant que les taquets de tabulation commencent à la colonne *m* et sont espacés de *n* colonnes. Choisissez le fonctionnement par défaut le plus pratique pour l'utilisateur.

```
#include <stdio.h>

#define  MAXLIGNE  100    /* taille max. d'une ligne */
#define  INCTAB    8      /* incrément de tabulation */
#define  OUI       1
#define  NON       0

void posetab_e(int argc, char *argv[], char *tab);
void tabuler(char *tab);


/* remplace les séries d'espaces par tabulations     */
main (int argc, char *argv[])
{
    int tab[MAXLIGNE+1];
```

```
    posetab_e(argc, argv, tab);/*initialise taquets */
                                /* de tabulation     */
    tabuler(tab);      /* remplace chaînes d'espaces  */
                       /* par tabulations et espaces  */
}
```

Le fichier source posetab_e.c :

```
#include <stdlib.h>

#define  MAXLIGNE  100   /* taille max. d'une ligne */
#define  INCTAB    8     /* incrément de tabulation */
#define  OUI       1
#define  NON       0

/* posetab_e : initialise taquets de tabulation      */
void posetab_e (int argc, char *argv[], char *tab)
{
    int i, inc, pos;

    if (argc <= 1)           /* tabulation par défaut */
         for (i = 1; i <= MAXLIGNE; i++)
              if (i % INCTAB == 1)
                   tab[i] = OUI;
              else
                   tab[i] = NON;
    else if (argc == 3 &&              /* paramètres   */
             *argv[1] == '-' &&        /* utilisateur */
             *argv[2] == '+'   ) {
         pos = atoi(&(*++argv)[1]);
         inc = atoi(&(*++argv)[1]);
         for (i = 1; i <= MAXLIGNE; i++)
              if (i != pos)  {
                   tab[i] - NON;
              } else
                   tab[i] = OUI;
                   pos += inc;
    } else  {            /* taquets de tabul. fournis */
         for (i = 1; i <= MAXLIGNE; i++)
              tab[i] = NON;   /* désactive les taq. */
                              /* de tabulation      */
         while (--argc)  {             /* parcourt la  */
              pos = atoi(*++argv);  /* liste d'arg. */
         if (pos > 0 && pos < MAXLIGNE)
              tab[pos] = OUI;      /* active taquets */
                                   /* choisis        */
         }
    }
}
```

La structure de cette solution est celle du programme `entab` de Software Tools de Kernighan & Plauger (Addison-Wesley, 1976).

Cette solution est analogue au programme `tabuler` de l'exercice 5-8. La seule modification faite est que la fonction `posetab` est remplacée par la fonction `posetab_e`. (`posetab` étendu).

`posetab_e` accepte la notation abrégée `-m +n`. Les instructions

```
pos = atoi(&(*++argv)[1])
inc = atoi(&(*++argv)[1])
```

rendent `pos` égal au premier taquet de tabulation et `inc` égal à la taille de l'incrément. Par conséquent, les taquets de tabulation commencent à la position `pos` et sont espacés de `inc` positions.

```
#include <stdio.h>

#define  MAXLIGNE  100   /* taille max. d'une ligne */
#define  INCTAB    8     /* incrément de tabulation */
#define  OUI       1
#define  NON       0

void posetab_e(int argc, char *argv[], char *tab);
void detabuler(char *tab);


/* remplace tabulations par séries d'espaces          */
main (int argc, char *argv[])
{
    int tab[MAXLIGNE+1];

    posetab_e(argc, argv, tab);/*initialise taquets */
                                /* de tabulation     */
    detabuler(tab);           /* remplace tabulations */
                              /* par chaînes de blancs */
}
```

La structure de cette solution est celle du programme `detab` de Software Tools de Kernighan & Plauger (Addison-Wesley, 1976).

Cette solution est analogue au programme `detabuler` de l'exercice 5-8 et utilise la fonction `posetab_e` de la première partie de l'exercice.

Exercice 5-13 (K&R page 115)

Ecrivez le programme `tail` qui imprime les *n* dernières lignes du fichier d'entrée. Supposons que *n* soit égal à 10 par défaut mais il sera possible de changer cette valeur à l'aide d'un argument optionnel ; ainsi

```
tail -n
```

imprimera les *n* dernières lignes. Le programme doit se comporter de manière rationnelle en cas de valeurs déraisonnables de l'entrée ou de la valeur *n*. Ecrivez ce programme de telle façon qu'il fasse le meilleur usage de la mémoire disponible ; les lignes devront être stockées comme dans le programme de tri de la section 5-6 et non dans un tableau à deux dimensions de taille fixe.

```
#include <stdio.h>
#include <stdlib.h>
#include <string.h>

#define  LIGNESDEF 10  /* nbr par défaut de         */
                       /* lignes à imprimer         */
#define  LIGNES    100 /* nbr max lignes à imprimer */
#define  MAXLONG   100 /* longueur max. d'une ligne */

void erreur (char *);
int lireligne(char *, int);

/* tail : imprime les n dernières lignes du         */
/*        fichier d'entrée                          */
main(int argc, char *argv[])
{
    char *p;
    char *tamp;    /* pointeur vers un grand tampon */
    char *fintamp;                 /* fin du tampon  */
    char ligne[MAXLONG];           /* ligne courante */
    char *ptrligne[LIGNES];        /* pointeur vers  */
                                   /* lignes lues    */
    int premiere, i, derniere, long, n, nlignes;

    if (argc == 1)       /* pas d'arguments utiliser */
         n = LIGNESDEF; /*  nbr de lig. par défaut  */
    else if (argc == 2 && (*++argv)[0] == '-')
              n = atoi(argv[0]+1);
    else
         erreur("usage: tail [-n]");

    if (n < 1 || n > LIGNES) /* n non raisonnable ? */
         n = LIGNES;
    for (i = 0; i < LIGNES; i++)
         ptrligne[i] = NULL;
    if ((p = tamp = malloc(LIGNES * MAXLONG)) == NULL)
        erreur("tail: impossible d'allouer tamp");
    fintamp = tamp + LIGNES * MAXLONG;
    derniere = 0;/* indice de la dernière ligne lue */
    nlignes = 0;              /* nombre de lignes lues */

    while ((long = lireligne(ligne, MAXLONG)) > 0)  {
        if (p + long + 1 >= fintamp)
           p = tamp;/* on repart au début du tampon */
        ptrligne[derniere] = p;
        strcpy(ptrligne[derniere], ligne);
        if (++derniere >= LIGNES)
             derniere = 0;  /* on repart du tableau */
                            /*  de lignes           */
        p += long + 1;
        nlignes++;
    }
```

```
    if (n > nlignes)          /* nécessite + de lignes */
                              /* que reçues ?          */
         n = nlignes;
    premiere = derniere - n;
    if (premiere < 0)             /* a fait le tour du */
                                  /* tableau de lignes */
         premiere += LIGNES;
    for (i = premiere; n-- > 0; i = (i+1) % LIGNES)
         printf("%s", ptrligne[i]);
    return 0;
}

/* erreur : imprime un message d'erreur et               */
/*          termine le programme                         */
void erreur(char *s)
{
    printf("%s\n", s);
    exit(1);
}
```

Le programme imprime les *n* dernières lignes du fichier d'entrée. Quand argc vaut 1, *n* a par défaut la valeur `LIGNESDEF`. Quand argc vaut 2, la valeur de *n* est prise dans la ligne de commande. Il y a une erreur si `argc` est supérieur à 2.

La boucle

```
while ((long = lireligne(ligne, MAXLONG)) > 0)
```

prend les lignes une par une jusqu'à ce que `lireligne` (Exercice 1-16) rencontre la fin du fichier d'entrée. Pour chaque ligne lue, le programme utilise une partie de la place allouée dans la zone tampon.

L'instruction :

```
        if (p + long + 1 >= fintamp)
            p = tamp;
```

refait pointer le pointeur `p` vers le début de la zone tampon, s'il n'y a pas assez de place pour copier la ligne courante.

Les éléments du tableau `ptrligne` pointent vers des caractères : les `LIGNES` dernières lignes lues. L'indice de ce tableau est la variable `derniere`.

Quand `derniere` devient égale à `LIGNES`, elle repart du début et les éléments de `ptrligne` et leurs zones tampons sont réutilisés.

Le nombre total de lignes est `nlignes`. Les *n* dernières lignes doivent être imprimées, donc le nombre de lignes demandées de doit pas être supérieur au nombre de lignes reçues :

```
    if (n > nlignes)
         n = nlignes;
```

Si le nombre total de lignes dépasse `LIGNES`, l'indice `derniere` repart à 0 et l'indice indiquant le début doit être ajusté :

```
    if (premiere < 0)
         premiere += LIGNES;
```

Les *n* dernières lignes sont alors imprimées :

```
    for (i = premiere; n-- > 0; i = (i+1) % LIGNES)
         printf("%s", ptrligne[i]);
```

Puisque `i` part de `premiere` et prend *n* valeurs, il peut atteindre `LIGNES-1` et continuer à partir de 0. L'opérateur modulo (reste de la division entière) maintient `i` entre les valeurs 0 et `LIGNES-1` : `i = (i + 1) % LIGNES`.

La fonction de la bibliothèque standard `exit` (K&R page 148) termine le programme quand une erreur survient. `exit` renvoie un 1 indiquant une condition d'erreur.

Exercice 5-14 (K&R page 119)

Modifiez le programme de tri pour traiter un indicateur `-i` qui demande un tri par ordre inverse (décroissant). Assurez-vous que `-i` fonctionne bien avec `-n`.

```
#include <stdio.h>
#include <string.h>

#define  NUMERIQUE 1     /* tri numérique              */
#define  DECR      2     /* tri en ordre décroissant */
#define  MAXLIG    100   /* nbre max. lignes à trier */

int numcmp(char *, char *);
int lirelignes(char *ptrlig[], int nlignes);
void trirapide(char *v[], int left, int right,
               int (*comp)(void *, void *));
void ecrirelignes(char *ptrlig[],
                int nlignes, int decr);

static char option = 0;  /* contient option choisie */

/* trie les lignes en entrée                         */
main(int argc, char *argv[])
{
    char *ptrlig[MAXLIG];          /* pointeurs vers   */
                                   /* lignes de texte */
    int nlignes;   /* nbre de lignes lues en entrée */
    int c, rc = 0;

    while (--argc && (*++argv)[0] == '-')
       while (c = *++argv[0])
           switch(c)  {
           case 'i':    /* tri ordre décroissant */
              option |= DECR;
              break;
           case 'n':             /* tri numérique */
              option |= NUMERIQUE;
              break;
           default:
              printf("tri : option illégale %c\n", c);
```

```
                argc = 1;
                rc = -1;
                break;
            }
    if (argc)
        printf("Usage : tri -in \n");
    else
        if ((nlignes=lirelignes(ptrlig,LIGNES)) > 0) {
            if (option & NUMERIQUE)
                trirapide((void **) ptrlig, 0, nlignes-1,
                        (int (*) (void *,void  *)) numcmp);
            else
                trirapide((void **) ptrlig, 0, nlignes-1,
                        (int (*) (void *,void  *)) strcmp);
            ecrirelignes(ptrlig,nlignes,option & DECR);
        } else {
            printf("entrée trop grande pour trier \n");
            rc = -1;
        }
    return rc;
}

/* ecrirelignes : affiche les lignes                    */
void ecrirelignes(char *ptrlig[],
                  int nlignes, int decr);
{
    int i;

    if (decr)                        /* ordre décroissant */
        for (i = nlignes-1; i >= 0; i--)
            printf("%s\n", ptrlig[i]);
    else
        for (i = 0; i < nlignes; i++)
            printf("%s\n", ptrlig[i]);
}
```

Les bits de la variable caractère statique `option` déterminent les options requises :

bit n° 0	=	0	tri de chaînes de caractères
	=	1	tri numérique
bit n° 1	=	0	tri dans l'ordre croissant
	=	1	tri dans l'ordre décroissant

Lorsqu'une option est requise, l'opérateur de bits OU inclusif (`|`) est utilisé pour modifier le bit approprié de la variable `option`. L'instruction `option |= DECR;` est équivalente à `option = option | 2;`

Le nombre décimal 2 est équivalent à 00000010 en binaire. Comme 1 OR n'importe quoi = 1, l'instruction C ci dessus met le premier bit de la variable `option` à 1. (Les bits sont numérotés 0, 1, 2, ... de droite à gauche).

Pour déterminer si une option est choisie, l'opérateur de bits AND (`&`) est utilisé.

L'expression `option & DECR` est vraie si l'option `-i` est choisie et fausse si elle ne l'est pas.

`ecrirelignes` est modifiée pour accepter un troisième argument, `decr`. La variable `decr` est le résultat de l'expression `option & DECR`, qui détermine si la liste triée doit être imprimée en ordre croissant ou décroissant.

Les fonctions `strcmp`, `numcmp`, `trirapide`, et `lirelignes` sont celles utilisées dans le programme de tri (K&R page 119).

Exercice 5-15 (K&R page 119)

Ajoutez l'option `-m` qui rassemble les minuscules et les majuscules de telle façon qu'aucune distinction ne soit faite entre elles lors du tri ; par exemple `a` et `A` seront considérées comme égales.

```
#include <stdio.h>
#include <string.h>
#include <ctype.h>

#define  NUMERIQUE 1    /* tri numérique              */
#define  DECR      2    /* tri en ordre décroissant */
#define  RASSEMBLE 4    /* rassemble maj. et minusc.*/
#define  MAXLIG    100  /* nbre max. lignes à trier */

int charcmp(char *, char *);
int numcmp(char *, char *);
int lirelignes(char *ptrlig[], int nlignes);
void trirapide(char *v[], int gauche, int droit,
               int (*comp)(void *, void *));
void ecrirelignes(char *ptrlig[],
                int nlignes, int decr);

static char option = 0;   /* contient option choisie */

/* trie les lignes en entrée                      */
main(int argc, char *argv[])
{
    char *ptrlig[MAXLIG];          /* pointeurs vers   */
                                   /* lignes de texte */
    int nlignes;    /* nbre de lignes lues en entrée */
    int c, rc = 0;

    while (--argc && (*++argv)[0] == '-')
       while (c = *++argv[0])
          switch(c)  {
          case 'i':     /* tri par ordre décroissant */
             option |= DECR;
             break;
          case 'm': /* rassemble majusc. et minusc. */
             option |= RASSEMBLE;
```

```
                break;
            case 'n':                   /* tri numérique */
                option |= NUMERIQUE;
                break;
            default:
                printf("tri : option illégale %c\n", c);
                argc = 1;
                rc = -1;
                break;
            }
    if (argc)
        printf("Usage : sort -imn \n");
    else
        if ((nlignes=lirelignes(ptrlig, MAXLIG)) > 0) {
            if (option & NUMERIQUE)
                trirapide((void **) ptrlig, 0, nlignes-1,
                      (int (*) (void *,void  *)) numcmp);
            else if (option & RASSEMBLE)
                trirapide((void **) ptrlig, 0, nlignes-1,
                     (int (*) (void *,void  *)) charcmp);
            else
                trirapide((void **) ptrlig, 0, nlignes-1,
                      (int (*) (void *,void  *)) strcmp);
            ecrirelignes(ptrlig,nlignes,option & DECR);
    } else {
        printf("entrée trop grande pour trier \n");
        rc = -1;
    }
    return rc;
}

/* charcmp : renvoie <0 si s<t, 0 si s==t, >0 si s>t*/
int charcmp(char *s, char *t)
{
    for ( ; tolower(*s) == tolower(*t); s++,t++)
          if (*s == '\0')
               return 0;
    return tolower(*s) - tolower(*t);
}
```

La structure de cette solution est celle de l'exercice 5-14.

bit n°2	=	0 on ne rassemble pas minuscules et majuscules
	=	1 on rassemble minuscules et majuscules.

Si l'option de rassemblement est choisie, le bit numéro 2 de option doit être mis à 1 : `option |= RASSEMBLE`.

En notation binaire, `RASSEMBLE` (4 en décimal) se note 00000100. (Les bits sont numérotés 0, 1, 2, 3, ... de droite à gauche).

La fonction `charcmp` compare deux chaînes de manière analogue à `strcmp` (K&R page 106). Elle convertit les caractères en minuscules, pour implémenter l'option `RASSEMBLE`, et les compare.

Les fonctions `numcmp`, `echanger`, `trirapide`, `lirelignes` et `ecrirelignes` sont celles utilisées dans l'exercice 5-11.

Exercice 5-16 (K&R page 119)

Ajoutez l'option `-d` ("ordre du dictionnaire") qui n'effectue les comparaisons que sur les lettres, les nombres et les blancs. Assurez-vous que cette option fonctionne bien avec l'option `-m`.

```
#include <stdio.h>
#include <ctype.h>

#define  NUMERIQUE 1    /* tri numérique                 */
#define  DECR      2    /* tri en ordre décroissant */
#define  RASSEMBLE 4    /* rassemble maj. et minusc.*/
#define  DICT      8    /* ordre du dictionnaire    */
#define  MAXLIG    100  /* nbre max. lignes à trier */

int charcmp(char *, char *);
int numcmp(char *, char *);
int lirelignes(char *ptrlig[], int nlignes);
void trirapide(char *v[], int left, int right,
               int (*comp)(void *, void *));
void ecrirelignes(char *ptrlig[],
                  int nlignes, int decr);

static char option = 0; /* contient option choisie  */

/* trie les lignes en entrée                        */
main(int argc, char *argv[])
{
    char *ptrlig[MAXLIG];          /* pointeurs vers  */
                                   /* lignes de texte */
    int nlignes;    /* nbre de lignes lues en entrée */
    int c, rc = 0;

    while (--argc && (*++argv)[0] == '-')
       while (c = *++argv[0])
          switch(c)  {
          case 'd':       /* ordre du dictionnaire */
             option |= DICT;
             break;
          case 'i':    /* tri par ordre décroissant */
             option |= DECR;
             break;
          case 'm': /* rassemble majusc. et minusc. */
             option |= RASSEMBLE;
             break;
          case 'n':                 /* tri numérique */
             option |= NUMERIQUE;
             break;
```

```
            default:
               printf("tri : option illégale %c\n", c);
               argc = 1;
               rc = -1;
               break;
            }
    if (argc)
       printf("Usage : tri -dimn \n");
    else
       if ((nlignes=lirelignes(ptrlig, MAXLIG)) > 0) {
          if (option & NUMERIQUE)
             trirapide((void **) ptrlig, 0, nlignes-1,
                   (int (*) (void *,void  *)) numcmp);
          else
             trirapide((void **) ptrlig, 0, nlines-1,
                  (int (*) (void *,void  *)) charcmp);
          ecrirelignes(ptrlig,nlignes,option & DECR);
       } else {
          printf("entrée trop grande pour trier \n");
          rc = -1;
       }
    return rc;
}

/* charcmp : renvoie <0 si s<t, 0 si s==t, >0 si s>t*/
int charcmp(char *s, char *t)
{
    char a, b;
    int rassemble = (option & RASSEMBLE) ? 1 : 0;
    int dict = (option & DICT) ? 1 : 0;

    do {
       if (dict) {
          while (!isalnum(*s) && *s!=' ' && *s!='\0')
             s++;
          while (!isalnum(*t) && *t!=' ' && *t!='\0')
             t++;
       }
       a = rassemble ? tolower(*s) : *s;
       s++;
       b = rassemble ? tolower(*t) : *t;
       t++;
       if (a == b && a == '\0')
          return 0;
    } while (a == b);
    return a - b;
}
```

La structure de cette solution est celle des exercices 5-14 et 5-15.

bit n°3	=	0 pas l'ordre du dictionnaire
	=	1 ordre du dictionnaire

Si l'option dictionnaire est choisie, le troisième bit de `option` doit être mis à 1.

```
    option |= DICT;
```

En notation binaire, `DICT` (le 8 décimal) s'écrit 00001000 (les bits sont numérotés 0, 1, 2, 3, ... de droite à gauche).

La fonction `charcmp` (exercice 5-15) est modifiée pour traiter à la fois l'option rassemblement des minuscules et des majuscules, et l'option ordre du dictionnaire.

Si l'option dictionnaire est choisie, alors la boucle `while`

```
while (!isalnum(*s) && *s != ' ' && *s != '\0')
      s++;
```

examine chaque caractère de la chaîne `s` et passe sur ceux qui ne sont pas des lettres, des chiffres ou des espaces. La macro-instruction `isalnum` est définie dans `<ctype.h>`. `isalnum` sélectionne les caractères alphabétiques (`a-z`, `A-Z`) et les chiffres (`0-9`). Si `*s` est un caractère alphabétique ou un chiffre, alors `isalnum(*s)` est non-nul ; autrement, `isalnum(*s)` est nul.

La boucle `while` qui suit

```
while (!isalnum(*t) && *t != ' ' && *t != '\0')
      t++;
```

examine chaque caractère de la chaîne `t` et passe sur ceux qui ne sont pas des lettres, des chiffres ou des espaces.

Quand une lettre, un chiffre ou un espace est trouvé dans `s` et qu'une lettre, un chiffre ou un espace est trouvé dans `t`, les deux caractères sont comparés.

Nous aurions pu prendre une autre approche et créer trois fonctions de comparaison, `rasscmp`, `dictcmp` et `rassdictcmp`, au lieu de `charcmp`. `rasscmp` comparerait les caractères en rassemblant minuscules et majuscules comme `charcmp` dans l'exercice 5-15. `dictcmp` comparerait les caractères pour l'ordre du dictionnaire, et `rassdictcmp` comparerait les caractères pour l'ordre du dictionnaire tout en rassemblant minuscules et majuscules. Chacune de ces fonctions serait plus rapide que la fonction `charcmp` proposée. Nous avons préféré compliquer `charcmp` plutôt que créer de nouvelles fonctions.

Les fonctions `numcmp`, `echanger`, `trirapide`, `lirelignes` et `ecrirelignes` sont celles de l'exercice 5-15.

Exercice 5-17 (K&R page 119)

Ajoutez la possibilité de travailler sur des champs de telle façon que le tri soit effectué sur des champs à l'intérieur de chaque ligne, chaque champ étant trié suivant un ensemble indépendant d'options. (On a trié l'index de ce livre avec les options `-dm` pour la catégorie d'index et `-n` pour les numéros de page).

```
#include <stdio.h>
#include <ctype.h>

#define  NUMERIQUE 1     /* tri numérique                  */
```

```
#define  DECR       2    /* tri en ordre décroissant */
#define  RASSEMBLE 4    /* rassemble maj. et minusc.*/
#define  DICT       8    /* ordre du dictionnaire    */
#define  MAXLIG     100  /* nbre max. lignes à trier */

int charcmp(char *, char *);
void erreur(char *);
int numcmp(char *, char *);
void lireargs(int argc, char *argv[]);
int lirelignes(char *ptrlig[], int nlignes);
void trirapide(char *v[], int left, int right,
               int (*comp)(void *, void *));
void ecrirelignes(char *ptrlig[],
                  int nlignes, int decr);

static char option = 0;
int pos1 = 0;        /* champ commençant avec pos1    */
int pos2 = 0;        /* se terminant juste avant pos2 */

/* trie les lignes en entrée                         */
main(int argc, char *argv[])
{
    char *ptrlig[MAXLIG];          /* pointeurs vers  */
                                   /* lignes de texte */
    int nlignes;   /* nbre de lignes lues en entrée */
    int c, rc = 0;

     if ((nlignes = lirelignes(ptrlig, LIGNES)) > 0) {
         if (option & NUMERIQUE)
            trirapide((void **) ptrlig, 0, nlignes-1,
                  (int (*) (void *,void  *)) numcmp);
         else
            trirapide((void **) ptrlig, 0, nlignes-1,
                 (int (*) (void *,void  *)) charcmp);
         ecrirelignes(ptrlig,nlignes,option & DECR);
       } else {
         printf("entrée trop grande pour trier \n");
        rc = -1;
     }
     return rc;
}


/* lireargs : lit les arguments du programme         */
void lireargs(int argc, char *argv[])
{
   int c;
   int atoi(char *);

   while (--argc && (c=(*++argv)[0]=='-') || c=='+') {
      if (c == '-' && !isdigit(*(argv[0]+1)))
         while (c = *++argv[0])
            switch(c)  {
          case 'd':        /* ordre du dictionnaire */
             option |= DICT;
             break;
```

```
         case 'i':    /* tri par ordre décroissant */
            option |= DECR;
            break;
         case 'm': /* rassemble majusc. et minusc. */
            option |= RASSEMBLE;
            break;
         case 'n':                /* tri numérique */
            option |= NUMERIQUE;
            break;
         default:
            printf("tri : option illégale %c\n", c);
            erreur(
                "Usage: tri -dimn [+pos1] [-pos2]");
            break;
         }
      else if (c == '-')
         pos2 = atoi(argv[0] + 1);
      else if ((pos1 = atoi(argv[0] + 1)) < 0 )
         erreur("Usage: tri -dimn [+pos1] [-pos2]");
   }
   if (argc || pos1 > pos2)
      erreur("Usage: tri -dimn [+pos1] [-pos2]");
}
```

Le fichier source numcmp.c :

```
#include <math.h>
#include <ctype.f>
#include <string.h>

#define  MAXCH    100

void sousch(char *s, char *t, int maxch);

/* numcmp : compare s1 et s2 numériquement          */
int numcmp(char *s1, char *s2)
{
    double v1, v2;
    char ch[MAXCH];

    sousch(s1, ch, MAXCH);
    v1 = atof(ch);
    sousch(s2, ch, MAXCH);
    v2 = atof(ch);
    if (v1 < v2)
         return -1;
    else if (v1 < v2)
         return 1;
    else
         return 0;
}

#define  RASSEMBLE 4    /* rassemble maj. et minusc.*/
#define  DICT      8    /* ordre du dictionnaire    */
```

```
/*charcmp : renvoie <0 si s<t, 0 si s==t, >0 si s>t */
int charcmp(char *s, char *t)
{
    char a, b;
    int i, j, posfin;
    extern int option, pos1, pos2;
    int rassemble = (option & RASSEMBLE) ? 1 : 0;
    int dict = (option & DICT) ? 1 : 0;

    i = j = pos1;
    if (pos2 > 0)
        posfin = pos2;
    else if ((posfin = strlen(s)) > strlen(t))
        posfin = strlen(t);
    do {
        if (dict) {
            while (i < posfin && !isalnum(s[i]) &&
                   s[i] != ' ' && s[i] != '\0')
                i++;
            while (j < posfin && !isalnum(t[j]) &&
                   t[j] != ' ' && t[j] != '\0')
                j++;
        }
        if (i < posfin && j < posfin) {
            a = rassemble ? tolower(s[i]) : s[i];
            i++;
            b = rassemble ? tolower(t[j]) : t[j];
            j++;
            if (a == b && a == '\0')
                return 0;
        }
    } while (a == b && i < finpos && j < finpos);
    return a - b;
}
```

Le fichier source sousch.c :

```
#include <string.h>

void erreur(char *);

/* sousch : prend une sous-chaîne de la chaîne s    */
void sousch(char *s, char *str)
{
    int i, j, long;
    extern int pos1, pos2;

    long = strlen(s);
    if (pos2 > 0 && long > pos2)
        long = pos2;
    else if (pos2 > 0 && long < pos2)
        erreur("sousch : chaîne trop courte");
    for (j = 0, i = pos1; i < long ; i++, j++)
         str[j] = str[i];
    str[j] = '\0';
}
```

La structure de cette solution est celle des exercice 5-14, 5-15, 5-16.

La syntaxe de la commande de tri est :

```
tri -dimn [pos1][-pos2]
```

Si un tri sur un domaine à l'intérieur des lignes est désiré, alors le tri commence en `pos1` et se termine juste avant `pos2`. Autrement `pos1` et `pos2` valent 0 et le tri est effectué sur la ligne toute entière.

La fonction `lireargs` lit les arguments de la ligne de commande et met à jour les variables concernées. La boucle `while` dans `lireargs` est vraie tant qu'il y a des arguments et qu'ils sont précédés d'un signe moins.

La première instruction `if` :

```
if (c == '-' && !isdigit(*(argv[0]+1)))
```

est vraie si l'argument est composé d'un signe moins suivi d'autre chose que d'un chiffre. L'instruction `switch` traite ces arguments comme dans les exercices 5-14, 5-15 et 5-16.

L'instruction `else-if` suivante :

```
else if (c == '-')
```

est vraie seulement si l'argument est le `-pos2` optionnel.

L'instruction `else-if` finale traite `+pos1` et vérifie qu'il est supérieur à zéro.

`charcmp` une version modifiée de la fonction des exercices précédents. Cette version traite les domaines.

`numcmp` compare des nombres comme les versions précédentes mais utilise une nouvelle fonction `sousch`, puisque `atof` ne prend pas l'origine et la longueur comme arguments. Il est plus sûr de créer unc nouvelle routine comme `sousch` plutôt que de changer l'interface d'une fonction couramment utilisée comme `atof`.

Lcs fonctions `echanger`, `trirapide`, `lirelignes` et `ecrirelignes` sont celles utilisées dans l'exercice 5-14. `erreur` est la fonction de l'exercice 5-13.

Exercice 5-18 (K&R page 123)

Faire en sorte que `dcl` gère les erreurs en entrée.

```
#include <stdio.h>
#include <string.h>
#include <ctype.h>

enum { NOM, PARENTHESES, CROCHETS };
```

```
enum { NON, OUI };

void dcl(void);
void dclabs(void);
void errmsg(char *);

int lire_elt(void);
extern int typeelt;          /* type du dernier elt */
extern char elt[];    /* chaîne avec le dernier elt */
extern char nom[];      /* nom de l'identificateur  */
extern char sor[];
extern int precelt;

/* dcl : analyse une déclaration                    */
void dcl(void)
{
    int ns;

    for (ns = 0; lire_elt() == '*'; ) /* cpte les * */
        ns++;
    dclabs();
    while (ns-- > 0)
        strcat(sor, " pointeur sur");
}

/* dclabs : analyse un déclarateur absolu           */
void dclabs(void)
{
    int type;

    if (typeelt == '(') {                     /* dcl */
        dcl();
        if  (typeelt != ')')
            errmsg("erreur: ) manquante\n");
    } else if (typeelt == NOM)    /* nom de var. */
        strcpy(nom, elt);
    else
        errmsg("erreur: on attend un nom ou (dcl)\n");
    while ((type = lire_elt()) == PARENTHESES ||
           type == CROCHETS                       )
        if (type = PARENTHESES)
            strcat(sor, " fonction retournant");
        else {
            strcat(sor, " tableau");
            strcat(sor, elt);
            strcat(sor, " de");
        }
}

/* errmsg : affiche un message d'erreur et          */
/*          indique qu'un élément est disponible    */
void errmsg(char *msg)
{
    printf("%s", msg);
    precelt = OUI;
}
```

Le fichier source lire_elt.c :

```
#include <string.h>
#include <ctype.h>

enum { NOM, PARENTHESES, CROCHETS };
enum { NON, OUI };

extern int typeelt;           /* type du dernier elt */
extern char elt[];      /* chaîne avec le dernier elt */
int precelt = NON;            /* pas d'elt précédent */

/* lire_elt : retourne l'élément suivant             */
int lire_elt(void)
{
    int c, lirecar(void);
    void remettrecar(int);
    char *p = elt;

    if (precelt == OUI) {
        precelt = NON;
        return typeelt;
    }
    while ((c = lirecar()) == ' ' || c == '\t')
        ;
    if (c == '(') {
        if ((c = lirecar()) == ')') {
            strcpy(elt, "()");
            return typeelt = PARENTHESES;
        } else {
            remettre(c);
            return typeelt = '(';
        }
    } else if (c == '[') {
        for (*p++ = c; (*p++ = lirecar()) != ']'; )
            ;
        *p = '\0';
        return typeelt = CROCHETS;
    } else if (isalpha(c)) {
        for (*p++ = c; isalnum(c = lirecar()); )
            *p++ = c;
        *p = '\0';
        remettrecar(c);
        return typeelt = NOM;
    } else
        return typeelt = c;
}
```

Nous avons légèrement modifié `dcl` car cette fonction attend deux types d'éléments: `'('` ou un `NOM`. Si elle reçoit autre chose, nous appelons `errmsg` au lieu de `printf`. `errmsg` affiche le message d'erreur et met à jour `precelt` pour indiquer qu'un élément est déjà disponible. `lire_elt` a une nouvelle instruction `if` au début :

```
    if (precelt == OUI) {
```

```
        precelt = NON;
        return typeelt;
    }
```

C'est à dire, si il y a un élément de disponible, ce n'est pas la peine d'aller en chercher un autre tout de suite.

Notre version modifiée n'est pas à toute épreuve, mais elle se comporte mieux en cas d'erreurs.

Exercice 5-19 (K&R page 123)

Modifier `invdcl` de manière à ce qu'il n'ajoute pas aux déclarations de parenthèses redondantes.

```
#include <stdio.h>
#include <string.h>
#include <ctype.h>

#define MAXELT    100

enum { NOM, PARENTHESES, CROCHETS };

void dcl(void);
void dclabs(void);

int lire_elt(void);
int elt_suivant(void);
int typeelt;                    /* type du dernier elt */
char elt[MAXELT];        /* chaîne avec le dernier elt */
extern char sor[1000];

/* invdcl : convertit une description sous forme de */
/*          mots en déclaration                     */
main()
{
   int type;
   char temp[MAXELT];

   while (lire_elt() != EOF) {
      strcpy(sor, elt);
      while ((type == lire_elt()) != '\n')
         if (type == PARENTHESES ||
             type == CROCHETS       )
            strcat(sor, elt);
          else if (type == '*') {
             if ((type=elt_suivant())==PARENTHESES ||
                 type == CROCHETS                   )
                sprintf(temp, "(*%s)", sor);
             else
                sprintf(temp, "*%s", sor);
             strcpy(sor, temp);
          } else if (type == NOM) {
```

```
                sprintf(temp, "%s %s", elt, sor);
                strcpy(sor, temp);
            } else
                printf("entrée incorrecte à %s\n",
                       token                       );
        printf("%s\n", sor);
    }
    return 0;
}

enum { NON, OUI };

int lire_elt(void);

/* elt_suivant : prend le token suivant et           */
/*               le remet en entrée                   */
int elt_suivant(void)
{
    int type;
    extern int precelt;

    type = lire_elt();
    precelt = OUI;
    return type;
}
```

Pour la description "x est un pointeur vers un caractère", on passe à `invdcl` :

```
    x * char
```

et `invdcl` donne :

```
    char (*x)
```

Les parenthèses sont redondantes. En fait, les parenthèses ne sont nécessaires que si l'élément suivant est soit `()` soit `[]`.

Par exemple, pour "tabjour est un pointeur vers un tableau de [13] entiers", on passe à `invdcl` :

```
    tabjour * [13] int
```

et `invdcl` produit :

```
    int (*tabjour)[13]
```

ce qui est correct. Mais, en revanche, pour "tabjour est un tableau de [13] pointeurs vers des entiers", on passe à `invdcl` :

```
    tabjour [13] * int
```

et `invdcl` produit :

```
    int (*tabjour[13])
```

Cette fois les parenthèses sont redondantes.

Nous avons modifié `invdcl` pour qu'il regarde si l'élément suivant est `()` ou `[]`. Si c'est le cas, les parenthèses sont nécessaires, sinon les parenthèses sont redondantes. Nous regardons un élément en avant, avant de décider d'ajouter des parenthèses.

Nous avons créé une fonction simple `elt_suivant`, qui appelle `lire_elt`, met à jour la variable indiquant qu'un élément est disponible, et retourne le type de l'élément. `lire_elt` est une fonction de l'exercice 5-18 qui regarde s'il y a un élément déjà disponible avant d'en prendre un autre en entrée.

La version modifiée de `invdcl` ne produit pas de parenthèses redondantes. Par exemple, pour :

```
x * char
```

la version modifiée de `invdcl` donne :

```
char *x
```

pour :

```
tabjour * [13] int
```

elle donne :

```
int (*tabjour)[13]
```

et pour :

```
tabjour [13] * int
```

elle donne :

```
int *tabjour[13]
```

Exercice 5-20 (K&R page 123)

Etendre `dcl` pour qu'il traite les déclarations de fonctions avec paramètres, les qualificateurs comme `const`, etc…

```
#include <stdio.h>
#include <string.h>
#include <ctype.h>

enum { NOM, PARENTHESES, CROCHETS };
enum { NON, OUI };

void dcl(void);
void dclabs(void);
void errmsg(char *);

int lire_elt(void);
extern int typeelt;             /* type du dernier elt */
extern char elt[];    /* chaîne avec le dernier elt */
extern char nom[];      /* nom de l'identificateur  */
extern char typedonnee[];  /* type de donnée = char */
                           /* int etc...            */
extern char sor[];
extern int precelt;

/* dcl : analyse une declaration                    */
void dcl(void)
{
    int ns;

    for (ns = 0; lire_elt() == '*'; ) /* cpte les * */
        ns++;
```

```
    dclabs();
    while (ns-- > 0)
        strcat(sor, " pointeur sur");
}

/* dclabs : analyse un déclarateur absolu           */
void dclabs(void)
{
    int type;
    void paramdcl(void);

    if (typeelt == '(') {                       /* dcl */
        dcl();
        if  (typeelt != ')')
            errmsg("erreur: manque )\n");
    } else if (typeelt == NOM) {  /* nom de var. */
        if (nom[0] != '\0')
            strcpy(nom, elt);
    else
        errmsg("erreur: on attend un nom ou (dcl)\n");
    while ((type = lire_elt()) == PARENTHESES ||
           type == CROCHETS || type == '('      )
        if (type = PARENTHESES)
            strcat(sor, " fonction retournant");
        else if (type == '(') {
            strcat(sor, " fonction prenant");
            paramdcl;
            strcat(sor, " et retournant");
        else {
            strcat(sor, " tableau");
            strcat(sor, elt);
            strcat(sor, " de");
        }
}

/* errmsg : imprime un message d'erreur et          */
/*          indique le token disponible             */
void errmsg(char *msg)
{
    printf("%s", msg);
    precelt = OUI;
}
```

Le fichier source paramdcl.c :

```
#include <stdio.h>
#include <string.h>
#include <stdlib.h>
#include <ctype.h>

#define MAXELT    100

enum { NOM, PARENTHESES, CROCHETS };
enum { NON, OUI };

void dcl(void);
```

```
void errmsg(char *);
void specdcl(void);
int  spectype(void);
int  typequal(void);
int  compare(char **, char **);

int lire_elt(void);
extern int typeelt;           /* type du dernier elt */
extern char elt[];   /* chaîne avec le dernier elt */
extern char nom[];     /* nom de l'identificateur  */
extern char sor[];
extern int precelt;

/* paramdcl : analyse une déclaration de paramètre  */
/*           de fonction                             */
void paramdcl(void)
{
    do {
        specdcl();
    } while (typeelt == ',');
    if (typeelt != ')')
       errmsg(
       ") manquante dans déclaration de paramètre\n");
}

/* specdcl : spécification de la déclaration          */
void specdcl(void);
{
    char temp[MAXELT];

    temp[0] = '\0';
    lire_elt();
    do {
        if (typeelt != NOM) {
            precelt = OUI;
            dcl();
        } else if (spectype() == OUI) {
            strcat(temp, " ");
            strcat(temp, elt);
            lire_elt();
        } else if (typequal() == OUI) {
            strcat(temp, " ");
            strcat(temp, elt);
            lire_elt();
        } else
            errmsg(
             "type inconnu dans liste de paramètres");
    } while (typeelt != ',' && typeelt != ')');
    strcat(sor, temp);
    if (typeelt == ',')
        strcat(sor, ",");
}

/* spectype : retourne OUI si l'élément est un type */
int spectype(void)
{
```

```
    static char *types[] = {
        "char",
        "int",
        "void"
    };
    char *pt = token;

    if (bsearch(&pt,
                types,
                sizeof(types)/sizeof(char *),
                sizeof(char *),
                compare                         ) == NULL)
        return NON;
    else
        return OUI;
}

/* typequal : retourne OUI si l'élément est           */
/*            un qualificateur                        */
int typequal(void)
{
    static char *typeq[] = {
        "const",
        "volatile"
    };
    char *pt = token;

    if (bsearch(&pt,
                typeq,
                sizeof(typeq)/sizeof(char *),
                sizeof(char *),
                compare                         ) == NULL)
        return NONN;
    else
        return OUI;
}

/* compare : compare deux chaînes pour bsearch         */
int compare(char **s, char **t)
{
    return strcmp(*s, *t);
}
```

Nous avons ajouté les déclarations de paramètres à la grammaire de la page 120 du K&R :

déclarateur :
    $*_{opt}$ *déclarateur-absolu*
déclarateur-absolu :
    identificateur
    (déclarateur)
    déclarateur-absolu(déclaration-de-paramètres$_{opt}$*)*
    déclarateur-absolu [taille$_{opt}$*]*
déclaration-de-paramètres :
    déclaration-de-paramètres, spécificateurs-de-décl déclarateur

spécificateurs-de-décl :
spécificateur-de-type spécificateurs-de-décl
qualificatif-de-type spécificateurs-de-décl

C'est une version abrégée de la partie de la grammaire décrivant les déclarations. Nous reconnaissons quelques-uns des types décrits en page 212 du K&R. Par exemple :

```
void *(*comp)(int *, char *, int (*fnc)())
```

produit

```
comp : pointeur sur fonction prenant pointeur sur int,
pointeur sur char, pointeur sur fonction retournant
int et retournant pointeur sur void.
```

Nous avons modifié la fonction `dclabs` et ajouté les fonctions `paramdcl` et `specdcl`.

Nous utilisons la méthode de lecture en avance des éléments développée dans l'exercice 5-18. Parfois, nous avons besoin de connaître un élément avant de décider quelle action entreprendre. Parfois nous avons un élément disponible que nous ne pouvons utiliser tout de suite, alors nous le remettons en entrée ; le prochain appel à `lire_elt`, ailleurs dans l'analyseur, reprendra ce même élément et l'utilisera.

`bsearch` est une fonction de la bibliothèque standard qui effectue un tri binaire.

6 : Les structures

Exercice 6-1 (K&R page 134)

Notre version de `liremot` ne prend pas en compte proprement les caractères de soulignement, les constantes chaînes de caractères, les commentaires et les lignes de contrôle du préprocesseur. Ecrivez une meilleure version.

```
#include <stdio.h>
#include <ctype.h>

/* liremot : lit le mot ou caractère suivant en
             entrée                                     */
int liremot(char *mot, int lim)
{
    int c, d, commentaire(void), lirecar(void);
    void remettrecar(int);
    char *m = mot;

    while (isspace(c = lirecar()))
        ;
    if (c != EOF)
        *m++ = c;
    if (isalpha(c) || c == '_' || c == '#') {
       for ( ; --lim > 0; m++)
          if (!isalnum(*m = lirecar()) && *m != '_') {
                remettrecar(*m);
                break;
          }
    } else if (c == '\'' || c == '"') {
        for ( ; --lim > 0; m++)
            if ((*m = lirecar()) == '\\')
                *++m = lirecar();
            else if (*m == c) {
                m++;
                break;
            } else if (*m == EOF)
                break;
```

```
    } else if (c == '\')
        if ((d = lirecar()) == '*')
            c = commentaire();
        else
            remettrecar(d);
    *m = '\0';
    return c;
}

/* commentaire : passe commentaires et retourne un
                 caractère                            */
int commentaire()
{
    int c;
    while ((c = lirecar()) != EOF)
        if (c == '*')
            if ((c = lirecar()) == '/')
                break;
            else
                remettrecar(c);
    return c;
}
```

Pour traiter les caractères soulignés et les commandes du préprocesseur, nous changeons `if (!isalpha(c))` en

```
    if (isalpha(c) || c == '_' || c == '#')
```

Les caractères alphanumériques et les caractères soulignés qui les suivent sont traités comme faisant partie du mot.

Les chaînes constantes peuvent apparaître entre guillemets simples ou doubles. Une fois que nous avons détecté un guillemet, nous accumulons les caractères jusqu'à ce que nous rencontrions le guillemet fermant la chaîne, ou `EOF`.

Nous ignorons les commentaires et renvoyons la barre oblique (slash) terminant le commentaire. Cette partie du programme est analogue à celui de l'exercice 1-24.

Exercice 6-2 (K&R page 140)

Ecrivez un programme qui lit un programme C et imprime, par ordre alphabétique, chaque groupe de noms de variables dont les 6 premières lettres sont identiques mais dont la suite est différente. Ne comptez pas les mots compris dans les chaînes de caractères et les commentaires. Faites en sorte que 6 soit un paramètre qui puisse être donné à partir de la ligne de commande.

```
#include <stdio.h>
#include <ctype.h>
#include <string.h>
```

```
#include <stdlib.h>

struct noeud  {                 /* noeud de base          */
    char *mot;                 /* pointe vers le texte  */
    int ident;                  /* 1ères let. identiques */
    struct noeud *gauche;       /* fils gauche            */
    struct noeud *droit;        /* fils droit             */
};

#define  LGMAXMOT  100
#define  OUI       1
#define  NON       0

struct noeud *ajoutarbre_e(struct noeud *, char *,
                           int, int *              );
void affarbre_e(struct noeud *);
int liremot(char *, int);

/* imprime en ordre alphabétique chaque groupe de    */
/* noms de variables dt les num premiers caractères */
/* sont identiques.  6 est pris par défaut           */

main(int argc, char *argv[])
{
    struct noeud *racine;
    char mot[LGMAXMOT];
    int trouve = NON;        /* = OUI si num 1iers car. */
                             /* identiques              */
    int nbr;                 /* nbre de car. à comparer */
                             /* (6 par défaut)          */
    int t;

    nbr = (--argc && (*++argv)[0] == '-') ?
          atoi(argv[0]+1) : 6;
    racine = NULL;
    while (liremot(mot, LGMAXMOT) != EOF)  {
         if (isalpha(mot[0]) && strlen(mot) > nbr)
            racine = ajoutarbre_e(racine, mot,
                                  nbr, &trouve);
         trouve = NON;
    }
    affarbre_e(racine);
    return 0;
}

struct noeud *allouernoeud(void);
int compare(char *, struct noeud *, int, int *);

/* ajoutarbre_e : ajoute un noeud avec la chaîne m */
/*                sur p ou en dessous de p         */
struct noeud *ajoutarbre_e(struct noeud *p, char *m,
                           int nbr, int *trouve    )
{
    int cond;

    if (p == NULL)  {  /* un nouveau mot est arrivé */
```

```
        p = allouernoeud();/* crée un nouveau noeud */
        p->mot = dupchaine(m);
        p->ident = *trouve;
        p->gauche = p->droit = NULL;
    } else if ((cond = compare(m, p, nbr,trouve)) < 0)
         p->gauche = ajoutarbre_e(p->gauche, m,
                                 nbr, trouve );
    else if (cond > 0)
         p->droit = ajoutarbre_e(p->droit, m,
                                 nbr, trouve);
    return p;
}

/*  compare : compare des mots, met à jour p->ident */
int compare(char *s, struct noeud *p,
            int nbr, int *trouve      )
{
    int i;
    char *t = p->mot;

    for (i = 0; *s == *t; i++, s++, t++)
         if (*s == '\0')
              return 0;
    if (i >= nbr)  {  /* num 1iers car. identiques ?*/
         *trouve = OUI;
         p->ident = OUI;
    }
    return *s - *t;
}

/* affarbre_e : imprime dans l'ordre l'arbre p      */
/*              si p->match = OUI                   */
void affarbre_e(struct noeud *p)
{
    if (p != NULL)  {
         affarbre_e(p->gauche);
         if (p->match)
              printf("%s\n", p->mot);
         affarbre_e(p->droit);
    }
}
```

Le programme imprime les noms des variables ayant les `nbr` premiers caractères identiques. Si le nombre de caractères n'est pas spécifié dans la ligne de commande, il est mis à 6 par défaut.

```
nbr = (--argc && (*++argv)[0] == '-') ?
      atoi(argv[0]+1) : 6;
```

La variable `trouve` est un booléen. `trouve` vaut `OUI` si les `nbr` premiers caractères du mot sont les mêmes que ceux d'un mot dans l'arbre et vaut `NON` sinon. `trouve` est initialisé à `NON`.

Le mot est placé dans l'arbre si son premier caractère est alphabétique et si sa longueur est supérieure ou égale à `nbr`. `liremot` est la fonction de l'exercice 6-1. La fonction `ajoutarbre_e` qui est une nouvelle version de `ajoutarbre` (K&R page 139), place le mot dans l'arbre.

La fonction `compare` compare le mot à placer dans l'arbre à un mot déjà dans l'arbre. Si les `nbr` premiers caractères sont identiques, alors `*trouve` et la variable `ident` correspondant au mot dans l'arbre (`p->ident`) sont mis à `OUI` :

```
    if (i >= nbr)  {
         *trouve = OUI;
         p->ident = OUI;
    }
```

La fonction `affarbre_e` imprime les mots de l'arbre dont les `nbr` premiers caractères sont identiques à ceux d'au moins un autre mot.

Exercice 6-3 (K&R page 141)

Ecrivez un programme de références croisées qui imprime la liste de tous les mots d'un document et, pour chaque mot, la liste des numéros de ligne où ils apparaissent. Supprimez les mots parasites tels que «le», «et» et ainsi de suite.

```
#include <stdio.h>
#include <string.h>
#include <ctype.h>
#include <stdlib.h>

#define  LGMAXMOT   100

struct liste {  /* liste chaînée des num. de lignes */
    int numl;
    struct liste *ptr;
} ;

struct noeud {                 /* noeud de base        */
    char *mot;                 /* pointe vers le texte */
    struct liste *lignes;      /* numéros des lignes   */
    struct noeud *gauche;      /* fils gauche          */
    struct noeud *droit;       /* fils droit           */
};

struct noeud *ajoutarbre_e(struct noeud *,
                           char *,
                           int          );
int liremot(char *, int);
int mot_parasite(char *);
void affarbre_e(struct noeud *);
```

```
/* références croisées                                    */
main()
{
    struct noeud *racine;
    char mot[LGMAXMOT];
    int numligne = 1;

    racine = NULL;
    while (liremot(mot, LGMAXMOT) != EOF)
       if (isalpha(mot[0]) && mot_parasite(mot) == -1)
          racine = affarbre_e(racine, mot, numligne);
       else if (mot[0] == '\n')
          numligne++;
    affarbre_e(racine);
    return 0;
}

struct noeud *allouernoeud();
struct liste *allouerliste();
void ajoutligne(struct noeud *, int);

/* ajoutarbre_e : ajoute un noeud avec la chaîne m */
/*                sur p ou en dessous de p         */
struct noeud *ajoutarbre_e(struct noeud *p, char *m,
                           int numligne          )
{
    int cond;

    if (p == NULL)  {  /* un nouveau mot est arrivé */
         p = allouernoeud();
         p->mot = dupchaine(w);
         p->lignes = allouerliste();
         p->lignes->numl = numligne;
         p->lignes->ptr = NULL;
         p->gauche = p->droit = NULL;
    } else if ((cond = strcmp(m, p->mot)) == 0)
         ajoutligne(p, numligne);
    else if (cond < 0)
         p->gauche = ajoutarbre_e(p->gauche, m,
                                  numligne);
    else
         p->droit = ajoutarbre_e(p->droit, m,
                                 numligne);
    return p;
}

/* ajoutligne : ajoute une ligne à la liste chaînée */
void ajoutligne(struct noeud *p, int numligne);
{
    struct liste *temp;

    temp = p->lignes;
    while (temp->ptr!=NULL && temp->numl != numligne)
         temp = temp->ptr;
    if (temp->numl != numligne) {
         temp->ptr = allouerliste;
```

```
        temp->ptr->numl = numligne;
        temp->ptr->ptr = NULL;
    }
}

/* affarbre_e : imprime dans l'ordre l'arbre p       */
void affarbre_e(struct noeud *p)
{
    struct liste *temp;

    if (p != NULL)  {
        affarbre_e(p->gauche);
        printf("%10s:  ", p->mot);
        for (temp = p->lignes; temp != NULL;
             temp = temp->ptr                   )
             printf("%4d ", temp->numl);
        printf("\n");
        affarbre_e(p->droit);
    }
}

/* allouerliste : crée un noeud de type liste        */
struct liste *allouerliste(void)
{
    return
  (struct liste *) malloc(sizeof(struct liste));
}

/* mot_parasite : identifie un mot parasite          */
int mot_parasite(char *m)
{
    static char *mp[] = {
        "dans",
        "de",
        "des",
        "et",
        "la",
        "le",
        "les",
        "ou",
        "que",
        "qui",
        "un",
        "une"
    };

    int cond, mil;
    int bas = 0;
    int haut = sizeof(mp) / sizeof(char *) - 1;

    while (bas <= haut) {
        mil = (bas + mil) / 2;
        if ((cond = strcmp(m, mp[mil])) < 0)
            haut = mil - 1;
        else if (cond > 0)
            bas = mil + 1;
```

```
        else
            return mil;
    }
    return -1;
}
```

L'arbre contient un noeud par mot distinct. Chaque noeud contient :
- un pointeur vers le texte du mot (`mot`)
- un pointeur vers une liste chaînée de numéros de lignes (`lignes`)
- un pointeur vers le noeud fils gauche (`gauche`)
- un pointeur vers le noeud fils droit (`droit`)

La liste chaînée de numéros de lignes est une structure de type `liste`. Chaque élément de la liste contient un numéro de ligne et un pointeur vers le prochain élément de la liste chaînée. Quand il n'y a plus d'élément dans la liste, le pointeur vaut `NULL`.

La fonction `ajoutarbre_e` est une version modifiée de `ajoutarbre` (K&R page 139). `ajoutarbre_e` place le mot dans l'arbre et la ligne dans laquelle il apparait dans la liste chaînée correspondante. Si un nouveau mot survient, alors le numéro de ligne est mis dans le premier élément de la liste chaînée :

```
    p->lignes->numl = numligne;
```

Si un mot déjà dans l'arbre apparait,

```
    ((cond = strcmp(m, p->mot)) == 0)
```

alors la fonction `ajoutligne` ajoute le numéro de ligne à la liste chaînée.

`ajoutligne` parcourt la liste chaînée en cherchant une occurrence du même numéro de ligne ou `NULL` :

```
    while (temp->ptr!=NULL && temp->numl != numligne)
        temp = temp->ptr;
```

Si le numéro de ligne n'est pas trouvé, la fonction ajoute un nouvel élément à la fin de la liste chaînée :

```
    if (temp->numl != numligne) {
        temp->ptr = allouerliste;
        temp->ptr->numl = numligne;
        temp->ptr->ptr = NULL;
```

Si le numéro de ligne est rencontré, il n'est pas rajouté à la liste chaînée.

`affarbre_e` est une version modifiée de `affarbre` (K&R page 139). `affarbre_e` imprime l'arbre en ordre alphabétique. Pour chaque mot de l'arbre, cette fonction imprime le mot et les numéros de toutes les lignes où il est apparu.

`mot_parasite` est une fonction qui cherche un mot dans un tableau statique de mots considérés comme parasites. Si le mot n'est pas parasite, la fonction retourne -1. Vous pouvez ajouter des mots à `mp[]` tant que vous gardez le tableau trié par ordre alphabétique ASCII croissant.

Nous avons modifié `liremot` pour qu'elle retourne `'\n'` de façon à ce que l'on puisse suivre les numéros de ligne :

```
while (isspace(c = liremot()) && c != '\n')
    ;
```

Exercice 6-4 (K&R page 141)

Ecrivez un programme qui imprime les différents mots de son entrée en les rangeant par ordre décroissant de fréquence d'apparition. Faites précéder chaque mot par le nombre d'apparitions correspondant.

```
#include <stdio.h>
#include <ctype.h>

#define  LGMAXMOT   100
#define  NDISTINCT 1000

struct noeud {                  /* noeud de base          */
    char *mot;                  /* pointe vers le texte */
    int cmpte;                  /* nbre d'occurrences    */
    struct noeud *gauche;       /* fils gauche           */
    struct noeud *droit;        /* fils droit            */
} ;

struct noeud *ajoutarbre(struct noeud *, char *);
int liremot(char *, int);
void triliste(void);
void rangerarbre(struct noeud *);

struct noeud *liste[NDISTINCT];/*point. vers l'arbre*/
int nbn = 0;            /* nbre de noeuds dans l'arbre */

/* imprime mots et leurs fréquences d'apparition    */
main()
{
    struct noeud *racine;
    char mot[LGMAXMOT];
    int i;

    racine = NULL;
    while (liremot(mot, LGMAXMOT) != EOF)
         if (isalpha(mot[0]))
              racine = ajoutarbre(racine, mot);
    rangerarbre(racine);
    triliste();
    for (i = 0; i < ntn; i++)
         printf("%2d:%20s\n",
                 liste[i]->cmpte, liste[i]->mot);
}

/* rangerarbre : range dans le tableau liste[]       */
/*               des pointeurs vers des noeuds       */
```

```
void rangerarbre(struct noeud *p)
{
    if (p != NULL)  {
         rangerarbre(p->gauche);
         if (nbn < NDISTINCT)
              liset[n++] = p;
         rangerarbre(p->droit);
    }
}

/* triliste : trie la liste de pointeurs vers des   */
/*            noeuds de l'arbre                     */
void triliste(void)
{
    int gap, i, j;
    struct noeud *temp;

    for (gap = n/2; gap > 0; gap /= 2)
       for (i = gap; i < nbn; i++)
          for (j = i-gap; j >= 0; j -= gap)  {
             if ((liste[j]->cmpte) <=
                 (liste[j+gap]->cmpte))
                break;
             temp = liste[j];
             liste[j] = liste[j+gap];
             liste[j+gap] = temp;
          }
}
```

`NDISTINCT` est le nombre maximum permis de mots distincts. La structure `noeud` est celle utilisée page 137 du K&R. `liste` est un tableau de pointeurs, chaque pointeur pointant vers une structure de type `noeud`. La variable `nbn` est un compteur qui contient le nombre de noeuds de l'arbre.

Chaque mot est pris en entrée et placé dans l'arbre. La fonction `rangerarbre` range alors tous les pointeurs vers une structure de type `noeud` dans le tableau liste.

La fonction `triliste` est une version modifiée de la fonction `trishell` (K&R page 62). `triliste` trie le tableau liste dans l'ordre décroissant des fréquences d'occurrence.

Exercice 6-5 (K&R page 143)

Ecrivez une fonction `supdef` qui enlève un nom et une définition de la table gérée par `consulter` et `installer`.

```
unsigned hash(char *);

/* supdef : enlève de tabhash un nom et définition  */
void supdef(char *s)
```

```
{
    int h;
    struct nliste *prec, *pn;

    prec = NULL;
    h = hash(s);    /* valeur "hash" de la chaîne s   */
    for (pn = tabhash[h]; pn != NULL; pn = pn->suiv) {
         if (strcmp(s, pn->nom) == 0)
              break;
         prec = pn;          /* mémorise le précédent */
    }
    if (np != NULL)  {       /* un nom est trouvé     */
         if (prec == NULL) /* premier de la liste ? */
              tabhash[h] = pn->suiv;
         else      /* ailleurs dans la liste "hash" */
              prec->suiv = pn->next;
         free((void *) pn->nom);
         free((void *) pn->defn);
         free((void *) pn);  /* libère l'espace       */
                             /* alloué à la struct. */
    }
}
```

La fonction supdef cherche la chaîne s dans la table. Quand elle trouve la chaîne, elle sort de la boucle :

```
         if (strcmp(s, pn->nom) == 0)
              break;
```

Si elle ne trouve pas la chaîne s, la boucle for se termine quand le pointeur pn prend la valeur NULL.

Si pn n'a pas la valeur NULL il y a un nom et une définition à enlever de la table. Un élément de tabhash pointe vers le début d'une liste chaînée. pn pointe vers l'élément à enlever et prec pointe vers l'élément précédent. Quand prec est NULL alors pn est le premier élément de la liste chaînée commençant à tabhash[h] :

```
         if (prec == NULL)
              tabhash[h] = pn->suiv;
         else
              prec->suiv = pn->suiv;
```

Après avoir enlevé l'élément pointé par pn, l'espace mémoire alloué pour le nom, la définition et la structure elle-même est libérée (free K&R page 165) :

```
         free((void *) pn->nom);
         free((void *) pn->defn);
         free((void *) pn);
```

Exercice 6-6 (K&R page 143)

Implémentez une version simple du processeur `#define` (c'est à dire sans arguments) qui soit utilisable dans des programmes C et qui s'appuie sur les fonctions de cette section. Vous pouvez également vous aider utilement des fonctions `lirecar` et `remettrecar`.

```
#include <stdio.h>
#include <ctype.h>
#include <string.h>

#define  LGMAXMOT   100

struct nliste {                 /* entrée dans la table  */
    struct nliste *suiv;        /* entrée suiv. ds liste */
    char *nom;                  /* nom défini            */
    char *defn;                 /* texte de remplacement */
} ;

void (int, char *);
int lirecar(void);
void liredef(void);
int liremot(char *, int);
struct nliste *installer(char *, char *);
struct nliste *consulter(char *);
void sauterespaces(void);
void supdef(char *);
void remettrecar(int);
void remettrech(char *);

/* version simple du processeur #define                 */
main()
{
    char m[LGMAXMOT];
    struct nliste *p;

    while (liremot(m, LGMAXMOT) != EOF)
        if (strcmp(m, "#") == 0)   /* début pseudo- */
                                   /* instruction   */
            liredef();
        else if (!isalpha(m[0]))   /* ne peut être  */
                                   /* définie       */
            printf("%s", m);
        else if ((p = consulter(m)) == NULL)
            printf("%s", m);       /* non définie   */
        else
            remettrech(p->defn); /* range la déf. */
    return 0;
}

/* prend la definition et la met en place               */
void liredef()
{
    int c, i;
```

```
    char def[LGMAXMOT], dir[LGMAXMOT], nom[LGMAXMOT];

    sauterespaces();
    if (!isalpha(liremot(dir, LGMAXMOT)))
         erreur(dir[0],
        "liredef: une directive est attendue après #")
    else if (strcmp(dir, "define") == 0)  {
         sauterespaces();
         if (!isalpha(liremot(nom, LGMAXMOT)))
            erreur(nom,
           "liredef: non-alpha - un nom est attendu");
         else  {
              sauterespaces();
              for (i = 0; i < LGMAXMOT-1; i++)
                   if ((def[i] = lirecar()) == EOF ||
                        def[i] == '\n')
                        break;    /* fin de la déf. */
              def[i] = '\0';
              if (i <= 0)             /* pas de déf. ?  */
                   erreur('\n',
                    "liredef: définition incomplète");
              else                    /* range la déf. */
                   installer(nom, def);
         }
    } else if (strcpm(dir, "supdef") == 0)  {
         sauterespaces();
         if (!isalpha(liremot(nom, LGMAXMOT)))
              erreur(nom[0],
                    "liredef: non-alpha dans supdef");
         else
              supdef(nom);
    } else
         erreur(dir[0],
       "liredef: une directive est attendue après #");
}

/* erreur : imprime un message d'erreur et          */
/*          passe le reste de la ligne              */
void erreur(c, char *s)
{
    printf("erreur: %s\n", s);
    while (c != EOF && c != '\n')
         c = lirecar();
}

/* sauterespaces : saute les caractères d'espacement*/
sauterespaces()
{
    int c;

    while ((c = lirecar()) == ' ' || c == '\t')
         ;
    remettrecar(c);
}
```

Le programme `main` contient le corps de ce processeur simple. Des pseudo-instructions (`define, supdef`) sont attendues après un `#` et la fonction `liredef` le signale. Si le mot reçu par `liremot` n'est pas alphanumérique, il ne peut pas avoir fait l'objet d'une définition. On cherche si les mots alphanumériques ont fait l'objet d'une définition. Quand une définition existe, la fonction `remettrech` (exercice 4-7) l'introduit en ordre inverse dans le flot d'entrée.

La fonction `liredef` traite les pseudo-instructions :

```
#define   nom  définition
#supdef    nom
```

Dans un `define`, la boucle

```
for (i = 0; i < LGMAXMOT-1; i++)
     if ((def[i] = lirecar()) == EOF ||
          def[i] == '\n')
          break;
```

lit la définition jusqu'à ce qu'elle trouve une fin de ligne (ou une fin de fichier). S'il y a une définition, elle est rangée dans la table en utilisant la fonction `installer` (K&R page 143).

La pseudo-instruction `supdef` enlève un nom de la table (exercice 6-7).

Nous avons modifié `liremot` pour qu'elle retourne des espaces de manière à ce que le texte en sortie ressemble à celui en entrée.

7 : Les entrées-sorties

Exercice 7-1 (K&R page 151)

> Ecrivez un programme qui convertit les lettres majuscules en minuscules et les minuscules en majuscules, selon le nom trouvé dans `argv[0]`.

```
#include <stdio.h>
#include <string.h>
#include <ctype.h>

/* majusc : convertit majuscules en minuscules       */
/* minusc : convertit minuscules en majuscules       */
main(int argc, char *argv[])
{
    int c;

    if (strcmp(argv[0], "minusc") == 0)
        while ((c = getchar()) != EOF)
            putchar(tolower(c));
    else
        while ((c = getchar()) != EOF)
            putchar(toupper(c));
    return 0;
}
```

Quand il est appelé avec le nom `minusc`, le programme convertit les majuscules en minuscules. Autrement, il convertit les majuscules en minuscules.

`strcmp` retourne zéro quand `argv[0]` est la chaîne minusc.

L'instruction

```
    if (strcmp(argv[0], "minusc") == 0)
```

fonctionne sous UNIX car `argv[0]` contient le nom du programme tel que l'utilisateur l'a entré. Sur certains systèmes d'exploitations, `argv[0]` contient le chemin d'accès complet vers le programme, au lieu du nom entré par l'utilisateur.

Le programme utilise `tolower` et `toupper` de `<ctype.h>`.

Exercice 7-2 (K&R page 153)

Ecrivez un programme qui imprime de façon sensée une entrée quelconque. Au minimum, il devra imprimer les caractères non graphiques sous la forme octale ou hexadécimale selon les habitudes locales et diviser les longues lignes de texte.

```
#include <stdio.h>
#include <ctype.h>

#define  LGMAXLIG  100 /* nb max. de car. par ligne */
#define  LGOCT     6   /* longueur nbre en base huit*/

/* imprime entrée arbitraire de façon sensée        */
main()
{
    int c, pos;
    int inc(int pos, int n);

    pos = 0;                 /* position dans la ligne */
    while ((c = getchar()) != EOF)
         if (iscntrl(c) || c == ' ')  {
                             /* non graphique ou blanc */
              pos = inc(pos, LGOCT);
              printf(" \\%03o ", c);
              if (c == '\n')  {   /* fin de ligne ? */
                   pos = 0;
                   putchar('\n');
              }
         } else  {              /* caractère graphique */
              pos = inc(pos, 1);
              putchar(c);
         }
     return 0;
}

/* incrémente compteur de position pour impression  */
inc(int pos, int n)
{
    if (pos + n < LGMAXLIG)
         return pos+n;
    else  {
         putchar('\n');
         return n;
    }
}
```

La longueur d'une ligne en sortie est `LGMAXLIG`. La macro-instruction iscntrl est définie dans `<ctype.h>`, qui fait partie de la bibliothèque standard du langage C. `iscntrl` repère les caractères non graphiques : le caractère d'effacement (0177 en base huit) et les caractères de contrôle ordinaires (jusqu'à 040 en base huit). Les espaces sont également considérés comme des caractères non graphiques. Les caractères non graphiques sont imprimés en base huit (précédés d'un espace et d'un \ et suivis d'un espace) utilisant ainsi `LGOCT` positions. Un caractère d'interligne remet `pos` à zéro :

```
        if (c == '\n')  {
             pos = 0;
             putchar('\n');
        }
```

La fonction `inc` renvoie la dernière position utilisée et coupe la ligne s'il n'y a pas `n` espaces disponibles pour la sortie.

Exercice 7-3 (K&R page 154)

Modifiez `minprintf` de façon à prendre en compte davantage de fonctionnalités offertes par `printf`.

```
#include <stdio.h>
#include <stdarg.h>
#include <ctype.h>

#define  FMTLOCAL   100

/* minprintf : printf minimale avec liste variable
               d'arguments                               */
void minprintf(char *fmt, ...)
{
    va_list pa; /* pointe à tour de rôle sur chaque */
                /* argument non-nommé               */
    char *p, *vals;
    char fmtlocal[FMTLOCAL];
    int i, vali;
    unsigned valu;
    double vald;

    va_start(pa, fmt);     /* fait pointer pa sur le */
                       /* premier argument non-nommmé */
    for (p = fmt; *p; p++) {
        if (*p != '%') {
            putchar(*p);
            continue;
        }
        i = 0;
        fmtlocal[i++] = '%';   /* commence fmt local */
        while (*(p+1) && !isalpha(*(p+1)))
            fmtlocal[i++] = *++p;   /* rassemble les */
                                    /* caractères    */
        fmtlocal[i++] = *(p+1); /* lettre de format */
        fmtlocal[i]   = '\0';
        switch(*++p) {             /* lettre de format */
```

```
        case 'd':
        case 'i':
            vali = va_arg(pa, int);
            printf(fmtlocal, vali);
            break;
        case 'x':
        case 'X':
        case 'u':
        case 'o':
            valu = va_arg(pa, unsigned);
            printf(fmtlocal, valu);
            break;
        case 'f':
            vald = va_arg(pa, double);
            printf(fmtlocal, vald);
            break;
        case 's':
            vals = va_arg(pa, char *);
            printf(fmtlocal, vals);
            break;
        default:
            printf(fmtlocal);
            break;
        }
    }
    va_end(pa);                     /* nettoyage terminal */
}
```

`minprintf` parcourt la liste d'argument et `printf` effectue l'impression proprement dite pour les facilités offertes.

Pour traiter un plus grand nombre des facilités offertes par `printf`, nous mettons dans `fmtlocal` le `%` et tous les autres caractères jusqu'au prochain caractère alphabétique — la lettre de format. `fmtlocal` est l'argument de format pour `printf`.

Exercice 7-4 (K&R page 157)

Ecrire une version privée de `scanf` analogue à `minprintf` de la section précédente.

```
#include <stdio.h>
#include <stdarg.h>
#include <ctype.h>

#define  FMTLOCAL   100

/* minscanf : scanf minimale avec liste variable
              d'arguments                            */
```

```
void minscanf(char *fmt, ...)
{
    va_list pa; /* pointe à tour de rôle sur chaque */
                /* arguments non-nommé */
    char *p, *vals;
    char fmtlocal[FMTLOCAL];
    int c, i, *vali;
    unsigned *valu;
    double *vald;

    i = 0;                /* indice du tableau localfmt */
    va_start(pa, fmt);       /* fait pointer pa sur le */
                         /* premier argument non-nommmé */
    for (p = fmt; *p; p++) {
        if (*p != '%') {
            fmtlocal[i++] = *p;     /* rassemble les */
                                    /* caractères    */
            continue;
        }
        fmtlocal[i++] = '%';  /* commence fmt local */
        while (*(p+1) && !isalpha(*(p+1)))
            fmtlocal[i++] = *++p;  /* rassemble les */
                                   /* caractères    */
        fmtlocal[i++] = *(p+1); /* lettre de format */
        fmtlocal[i]   = '\0';
        switch(*++p) {          /* lettre de format */
        case 'd':
        case 'i':
            vali = va_arg(pa, int *);
            scanf(fmtlocal, vali);
            break;
        case 'x':
        case 'X':
        case 'u':
        case 'o':
            valu = va_arg(pa, unsigned *);
            scanf(fmtlocal, valu);
            break;
        case 'f':
            vald = va_arg(pa, double *);
            scanf(fmtlocal, vald);
            break;
        case 's':
            vals = va_arg(pa, char *);
            scanf(fmtlocal, vals);
            break;
        default:
            scanf(fmtlocal);
            break;
        }
        i = 0;               /* remet l'indice à zéro */
    }
    va_end(pa);                 /* nettoyage terminal */
}
```

minscanf est analogue à minprintf. Cette fonction rassemble les caractères de la chaîne de format jusqu'à ce qu'elle trouve un caractère alphanumérique après un &. Ceci constitue le fmtlocal qui est passé à scanf avec le pointeur approprié.

Les arguments de scanf sont des pointeurs : un pointeur vers la chaîne de format et un vers la variable qui reçoit la valeur lue par scanf. Nous utilisons va_arg pour avoir la valeur du pointeur et la copier dans un pointeur local et nous appelons scanf. scanf lit ensuite une valeur et la met dans la variable de l'utilisateur.

Exercice 7-5 (K&R page 157)

Réécrivez le calculateur utilisant la notation postfixée du chapitre 4 en utilisant scanf et/ou sscanf pour effectuer l'entrée et la conversion des nombres.

```
#include <stdio.h>
#include <ctype.h>

#define  NOMBRE  '0'      /* signale nbre est trouvé */

/* lire_op:prend le prochain opérateur ou opérande  */
lire_op (char s[])
{
    int c, i, rc;
    static char dernierc[] = " ";

    sscanf(dernierc, "%c", &c);
    dernierc[0] = ' ';     /* efface le dernier car. */
    while ((s[0] = c) == ' ' || c == '\t')
        if (scanf("%c", &c) == EOF)
            c = EOF;
    s[1] = '\0';
    if (!isdigit(c) && c != '.')
        return c;          /* c n'est pas un nombre   */
    i = 0;
    if (isdigit(c))        /* prend la partie entière */
        do {
            rc = scanf("%c", &c);
            if (!isdigit(s[++i] = c))
                break;
        } while (rc != EOF);
    if (c == '.')  /* prend la partie fractionnaire */
        do {
            rc = scanf("%c", &c);
            if (!isdigit(s[++i] = c))
```

```
                break;
        } while (rc != EOF);
    s[i] = '\0';
    if (rc != EOF)
        dernierc[0] = c;
    return NOMBRE;
}
```

La fonction `lire_op` (K&R page 77) est la seule modifiée.

Entre deux appels à `lire_op` il faut conserver en mémoire le caractère suivant le nombre. `dernierc` est un tableau statique à un élément qui conserve le dernier caractère lu (`sscanf` prend une chaîne en argument).

L'appel `sscanf(dernierc, "%c", &c)` lit le caractère placé dans `dernierc[0]`. Vous auriez pu utiliser `c = dernierc[0]` à la place.

`scanf` retourne le nombre le nombre d'éléments détectés et affectés avec succès (K&R page 155). Elle retourne `EOF` en fin de fichier.

Nous avons également changé l'expression

```
  isdigit(s[++i] = c = lirecar());
```

en

```
  rc = scanf("%c", &c);
  if (!isdigit(s[++i] = c))
      break;
```

parce que nous devons appeler `scanf`, affecter le caractère dans la chaîne `s`, et tester si c'est un chiffre.

Il est possible que `scanf` rencontre `EOF` et par conséquent ne change pas la variable `c`. C'est pourquoi nous testons `rc != EOF`.

`scanf` n'aide pas à améliorer le `lire_op` original quand on lit les caractères un par un avec `scanf`.

Une autre solution possible :

```
#include <stdio.h>
#include <ctype.h>

#define  NOMBRE  '0'     /* signale nbre est trouvé */

/* lire_op:prend le prochain opérateur ou opérande  */
lire_op (char s[])
{
    int c, rc;
    float f;
    while ((rc = scanf("%c", &c)) != EOF)
        if ((s[0] = c) != ' ' && c != '\t')
            break;
    s[1] = '\0';
    if (rc == EOF)
```

```
            return EOF;
    else if (!isdigit(c) && c != '.')
            return c;
    ungetc(c, stdin);
    scanf("%f", &f);
    sprintf(s, "%f", f);
    return NOMBRE;
}
```

Nous lisons les caractères un par un jusqu'à ce qu'on en rencontre un qui ne soit ni un espace ni une tabulation. La boucle se termine également en cas de fin de fichier.

Si le caractère est soit un chiffre soit un point décimal, nous le replaçons en entrée en utilisant la fonction de bibliothèque `ungetc`. Ensuite nous lisons le nombre. Comme `lire_op` retourne le nombre comme une valeur à virgule flottante, nous utilisons `sprintf` pour convertir `f` en une chaîne de caractères dans `s`.

Exercice 7-6 (K&R page 163)

Ecrivez un programme qui compare deux fichiers, et imprime la première ligne différente.

```
#include <stdio.h>
#include <stdlib.h>
#include <string.h>

#define  LGMAXLIG    100

/* comp : compare deux fichiers, imprime la              */
/*        première ligne différente                      */
main(int argc, char *argv[])
{
    FILE *pf1, *pf2;
    void compfich(FILE *pf1, FILE *pf2);

    if (argc != 3) {          /* nbre d'arg. incorrect */
        fprintf(stderr,
            "comp: il faut deux noms de fichiers\n");
        exit(1);
    } else  {
        if ((pf1 = fopen(*++argv, "r")) == NULL)  {
            fprintf(stderr,
                "comp: impossible d'ouvrir %s\n",
                   *argv);
            exit(1);
        } else if (
```

```
            (pf2 = fopen(*++argv, "r")) == NULL)   {
               fprintf(stderr,
                    "comp: impossible d'ouvrir %s\n",
                       *argv);
               exit(1);
          } else  {   /* fichiers à comparer ouverts */
               compfich(pf1, pf2);
               fclose(pf1);
               fclose(pf2);
               exit(0);
          }
     }
}

/* compfich : compare deux fichiers ligne par ligne */
compfich(FILE *pf1, FILE *pf2)
{
   char ligne1[LGMAXLIG], ligne2[LGMAXLIG];
   char *pl1, *pl2;

   do  {
      pl1 = fgets(ligne1, LGMAXLIG, pf1);
      pl2 = fgets(ligne2, LGMAXLIG, pf2);
      if (pl1 == ligne1 && pl2 == ligne2)   {
         if ((pos = strcmp(ligne1,ligne2)) != 0)   {
            printf("première différence ligne\n%s\n",
                   ligne1                           );
            pl1 = pl2 = NULL;
         }
      } else if (pl1 != ligne1 && pl2 == ligne2)   {
         printf("fin du premier fichier ligne\n%s\n",
                ligne2                             );
      } else if (pl1 == ligne1 && pl2 != ligne2)   {
         printf("fin du second fichier ligne\n%s\n",
                ligne1                             );
      }
   } while (pl1 == ligne1 && pl2 == ligne2);
}
```

Il doit y avoir trois arguments : le nom du programme suivi de deux noms de fichiers. Les fichiers sont ouverts et `compfich` les compare ligne à ligne.

`compfich` lit une ligne de chaque fichier. La fonction `fgets` renvoie un pointeur vers la ligne lue ou `NULL` en fin de fichier. Si `pl1` et `pl2` pointent vers leurs lignes respectives, nous ne sommes pas en fin de fichiers et les lignes sont comparées. Quand les lignes ne sont pas identiques, alors `compfich` imprime la ligne du premier fichier.

Si `pl1` ou `pl2` ne pointent pas vers leurs lignes respectives, on a atteint la fin de l'un des fichiers (`EOF`) et les fichiers sont différents.

Si `pl1` et `pl2` ne pointent pas vers leurs lignes respectives on a atteint la fin des deux fichiers – ils sont identiques.

Exercice 7-7 (K&R page 163)

Modifiez le programme du chapitre 5 qui recherchait un modèle, de telle façon qu'il prenne les données en entrée dans un ensemble de fichiers spécifiés ou, si on ne fournit aucun fichier en argument, à partir de l'entrée standard. Doit-on imprimer le nom du fichier lorsqu'on a trouvé une ligne correspondant au modèle?

```
#include <stdio.h>
#include <string.h>
#include <stdlib.h>

#define  LONGMAX   100

/* trouver : imprime les lignes qui contiennent le */
/*           modèle donné en premier argument      */
main(int argc, char *argv[])
{
    char modele[LONGMAX];
    int c, except = 0, numero = 0;
    FILE *pf;

    while (--argc > 0 && (*++argv)[0] == '-')
       while (c = *++argv[0])
          switch (c) {
          case 'x':
             except = 1;
             break;
          case 'n':
             numero = 1;
             break;
          default:
             printf(
               "trouver: option illégale%c\n", *s);
             argc = 0;
             break;
          }
    if (argc >= 1)
       strcpy(modele, *argv);
    else {
       printf(
 "Usage: trouver [-x] [-n] modele [fichier . . .]\n");
       exit(1);
    }
    if (argc == 1)   /* lecture sur entrée standard */
       tmod(stdin, "", modele, except, numero);
    else
       while (--argc > 0)  /* prend un fichier cité */
```

```
            if ((pf = fopen(*++argv, "r")) == NULL) {
               fprintf(stderr,
                   "trouver : impossible d'ouvrir %s\n",
                      *argv                             );
               exit(1);
            } else {  /* le fichier cité a été ouvert */
               tmod(pf, *argv, modele, except, numero);
               fclose(pf);
            }
      return 0;
}

/* tmod :  trouve le modele                             */
tmod(FILE *pf, char *nomf, char *modele,
     int sauf, int numero                     )
{
      char ligne[LONGMAX];
      long numligne = 0;

      while (fgets(ligne, LONGMAX, pf) != NULL) {
         ++numligne;
         if ((strstr(ligne,modele) != NULL) != sauf) {
            if (*nomf )     /* imprime nom du fichier  */
               printf("%s - ", nomf);
            if (numero)     /* imprime numéro de ligne */
               printf("%ld: ", numligne);
            printf("%s\n", ligne);
         }
      }
}
```

Le programme principal traite les arguments optionnels comme au chapitre 5 (K&R page 115). Ensuite il attend au moins un autre argument – la configuration recherchée. S'il n'y a pas de noms de fichiers suivant la configuration, il utilise l'entrée standard. Autrement, il ouvre le fichier indiqué. Dans tous les cas, il appelle `tmod`.

La plupart des instructions de `tmod` sont analogues à celles du programme principal original. Il lit les lignes une par une jusqu'à ce que `fgets` (K&R page 162) retourne `NULL`. Il cherche la configuration indiquée dans chaque ligne. Les possibilités sont :

`(strstr(ligne, modele)` >= 0)	!=	`sauf`	résultat
0 (n'a pas trouvé le modèle)	!=	0 (non spécifié)	faux
1 (a trouvé le modèle)	!=	0 (non spécifié)	vrai
0 (n'a pas trouvé le modèle)	!=	1 (spécifié)	vrai
1 (a trouvé le modèle)	!=	1 (spécifié)	faux

Quand le résultat de cette expression est vrai, `tmod` imprime le nom du fichier (à moins que ce ne soit l'entrée standard), le numéro de ligne si cela lui a été demandé et la ligne elle-même.

Exercice 7-8 (K&R page 163)

Ecrivez un programme qui imprime un ensemble de fichiers, chacun d'entre eux commençant au début d'une nouvelle page et en indiquant le titre et le numéro de page pour chaque fichier.

```
#include <stdio.h>
#include <stdlib.h>

#define  LGMAXPIED 3           /* nbre max de lignes */
                               /* en fin de page     */
#define  LGMAXTETE 5           /* nbre max de lignes */
                               /* en début de page   */
#define  LGMAXLIG  100     /* taille max d'une ligne */
#define  LGMAXPAG  66 /* nbr max de lignes par page */

/* imprime : imprime des fichiers - saut de page    */
/*           entre fichiers                         */
main(int argc, char *argv[])
{
    FILE *pf;
    void impfich(FILE *pf, char *nomf);

    if (argc == 1)             /* pas d'arg.; copier */
                               /* l'entrée standard  */
       impfich(stdin, "");
    else
       while (--argc > 0)
          if ((pf = fopen(*++argv, "r")) == NULL) {
             fprintf(stderr,
                "imprime : impossible d'ouvrir %s\n");
             exit(1);
          } else {
             impfich(pf, *argv);
             fclose(pf);
          }
    exit(0);
}

/* impfich : imprime le fichier nomf                */
impfich(FILE *pf, char *nomf)
{
    long numligne, numpage = 1;
    char ligne[LGMAXLIG];
    int entete(char *nomf, int numpage);

    numligne = entete(nomf, numpage++);
    while (fgets(ligne, LGMAXLIG, pf) != NULL) {
```

```
        if (numligne == 1){
           fprint(stdout, "\f");
           numligne = entete(nomf, numpage++);
        }
        fputs(ligne, stdout);
        if (++numligne > LGMAXPAG - LGMAXPIED)
            numligne = 1;
    }
    printf(stdout, "\f");       /* saut de page après */
                                /* le fichier         */
}

/* imprime en-tête et passe LGMAXTETE lignes          */
int entete(char *nomf, long numpage)
{
    int nl = 3;

    fprintf(stdout, "\n\n");
    fprintf(stdout, "%s  page %d\n", nomf, numpage);
    while (nl++ < LGMAXTETE)
         fprintf(stdout, "\n");
    return nl;
}
```

Le programme est analogue à `cat` (K&R page 160).

La fonction `impfich` prend deux arguments : un pointeur vers un fichier ouvert et un pointeur vers le nom du fichier (une chaîne vide quand le fichier est l'entrée standard). `impfich` lit et imprime les lignes. Le caractère `\f` est le caractère de saut de page.

La variable `numligne` compte le nombre de lignes. La longueur de la page est `LGMAXPAG`. Quand `numligne` vaut 1, `impfich` imprime un nouvel en-tête et remct `numligne` à jour. La fonction `entete` imprime le nom du fichier et le numéro de la page et ensuite passe suffisamment de lignes pour que `LGMAXTETE` lignes soient utilisées en début de page.

`LGMAXPIED` est le nombre de lignes blanches au bas de la page.

Exercice 7-9 (K&R page 166)

Des fonctions comme `isupper` peuvent être mises en oeuvre pour sauver de la place ou du temps. Explorez les deux possibilités.

```
/* isupper:retourne 1 (vrai) si c est une majuscule */
int isupper(char c)
{
    if (c >= 'A' && c <= 'Z')
        return 1;
```

```
    else
        return 0;
}
```

Cette version de `isupper` est une simple instruction `if-else` qui teste un caractère. Si le caractère est dans l'intervalle des lettres majuscules ASCII, elle retourne 1 (vrai), sinon elle retourne 0 (faux). Cette version de `isupper` minimise l'espace mémoire utilisé.

```
#define isupper(c)   ((c) >= 'A' && (c) <= 'Z') ? 1 : 0
```

Cette version de `isupper` minimise le temps d'exécution mais utilise plus de place.

Elle minimise le temps d'exécution car il n'y a pas le délai dû à l'appel de la fonction, et elle utilise plus d'espace car la macro instruction est remplacée dans le source à chaque appel de la fonction.

Il faut aussi garder à l'esprit que des problèmes peuvent se poser si l'argument est évalué deux fois.

Par exemple :

```
char *p = "This is a string";

if (isupper(*p++))
    ...
```

La macro est remplacée par :

```
((*p++) >= 'A' && (*p++) <= 'Z') ? 1 : 0
```

ce qui, selon la valeur de `*p`, incrémentera la valeur du pointeur `p` deux fois. Remarquez que cette seconde incrémentation ne se produit pas quand `isupper` est une fonction, car l'argument de la fonction est évalué une seule fois.

Généralement, cette seconde incrémentation imprévue du pointeur p donnera des résultats incorrects. Une solution possible est :

```
char *p = "This is a string";

if (isupper(*p))
    ...

p++;
```

Vous devez vous méfier des macros qui peuvent évaluer plus d'une fois leur argument. Les macros `toupper` et `tolower` de <ctype.h> en sont des exemples.

8 : L'interface avec le système UNIX

Exercice 8-1 (K&R page 172)

Réécrivez le programme `cat` du chapitre 7 en utilisant `read`, `write`, `open` et `close` au lieu de leurs équivalents de la bibliothèque standard. Effectuez des essais pour déterminer les vitesses relatives des deux versions.

```
#include <stdio.h>
#include <fcntl.h>
#include "appelsys.h"

void erreur(char *fmt,...);

/* cat : concatène fichiers - read/write/open/close */
main(int argc, char *argv[])
{
     int df;
     void copierfich(int idf, int odf);

     if (argc == 1)         /* pas d'arguments ;          */
                            /* copier l'entrée standard */
        copierfich(0, 1);
     else
        while (--argc > 0)
           if ((df = open(*++argv, O_RDONLY)) == -1)
              erreur("cat : impossible d'ouvrir %s",
                    *argv                        );
           else  {
              copierfich(df, 1);
              close(df);
           }
     return 0;
}
```

```
/* copierfich : copie fichier idf ds fichier odf    */
void copierfich(int idf, int odf)
{
    int n;
    char tamp[TAILLETAMP];

    while ((n = read(idf, tamp, TAILLETAMP)) > 0)
        if (write(odf, tamp, n) != n)
            erreur("cat : erreur d'écriture", NULL);
}
```

L'instruction

```
        if ((df = open(*++argv, O_RDONLY)) == -1)
```

ouvre un fichier en lecture et renvoie un descripteur de fichier (un entier) ; elle renvoie -1 si une erreur survient.

La fonction `copierfich` lit `TAILLETAMP` caractères en utilisant le descripteur de fichier `idf`. `read` renvoie le nombre d'octets lus. Tant que le nombre d'octets est supérieur à 0 il n'y a pas d'erreur ; un 0 indique une fin de fichier et un -1 indique une erreur. La fonction `write` écrit `n` octets, autrement une erreur a eu lieu.

`erreur` est la fonction de la page 172 du K&R.

Cette version est à peu près deux fois plus rapide que la version originale du chapitre 7 du K&R.

Exercice 8-2 (K&R page 176)

Réécrivez `fopen` et `_fillbuf` en utilisant des opérations sur les champs de bits plutôt que sur les bits explicites. Comparez la taille du code et la vitesse d'exécution.

```
#include <fcntl.h>
#include "appelsys.h"

#define  PERMS  0666          /* RW pour propriétaire, */
                              /* groupe et autres      */

/* fopen : ouvre un fichier et retourne un pointeur */
/*        de fichier                                */
FILE *fopen(char *nom,char *mode)
{
   int df;
   FILE *pf;

   if (*mode != 'r' && *mode != 'w' && *mode != 'a') {
      return NULL;
```

```
    }
    for (pf = _iob; pf < _iob + OPEN_MAX; pf++)
       if (pf->_flag.is_read == 0 &&
           pf->flag.is_write == 0    )
         break;                  /* une entrée est libre */
    if (pf >= _iob + _NFILE)
       return NULL;              /* aucune entrée libre  */

    if (*mode == 'w')            /* accède au fichier    */
       df = creat(nom, PERMS);
    else if (mode == 'a') {
       if ((df = open(nom, O_WRONLY, 0)) == -1)
          df = creat(nom, PERMS);
       lseek(df, 0L, 2);
    } else
       df = open(nom, O_RDONLY, 0);
    if (df == -1)          /* ne peut accéder au fichier */
                           /* dans ce mode               */
       return NULL;
    pf->fd = df;
    pf->cnt = 0;
    pf->base = NULL;
    pf->flag.is_unbuf = 0;
    pf->flag.is_buf = 1;
    pf->flag.is_eof = 0;
    pf->flag.is_err = 0;
    if (*mode == 'r')   {                    /* lecture */
       pf->flag.is_read = 1;
       pf->flag.is_write = 0;
    } else  {
       pf->flag.is_read = 0;
       pf->flag.is_write = 1;
    }
    return pf;
}

/* _fillbuf : alloue et remplit un tampon d'entrée  */
_fillbuf(FILE *pf)
{
    int tailletamp;

    if (pf->flag.is_read == 0 ||
        pf->flag.is_eof  == 1 ||
        pf->flag.is_err  == 1)
       return EOF;

    tailletamp =
       (pf->flag.is_unbuf == 1) ? 1 : TAILLETAMP;
    if (pf->base == NULL)      /* pas encore de tampon */
       if ((pf->base=(char *) malloc(tailletamp))
            == NULL)           /* impossible d'obtenir */
          return EOF;          /* un tampon            */
    pf->ptr = pf->base;
    pf->cnt = read(pf->fd, pf->ptr, tailletamp);
```

```
    if (--pf->cnt < 0) {
       if (pf->cnt == -1)
          pf->flag.is_eof = 1;
       else
          pf->flag.is_err = 1;
       pf->cnt = 0;
       return EOF;
    }
    return (unsigned char) *pf->ptr++;
}
```

La définition de la structure `_iobuf` est indiquée à la page 174 du K&R. `int flag;` est un des éléments de `_iobuf`. La variable `flag` est redéfinie en termes de champs de bits :

```
     struct flag_field {
          unsigned is_read   : 1;
          unsigned is_write  : 1;
          unsigned is_unbuf  : 1;
          unsigned is_buf    : 1;
          unsigned is_eof    : 1;
          unsigned is_err    : 1;
     } ;
```

Dans l'instruction

```
          if ((pf->_flag & (_READ || _WRITE)) == 0)
               break;
```

on prend le OU logique des valeurs `_READ` et `_WRITE` :

```
     (_READ  ||  _WRITE)
         01  ||  02          octal
         01  ||  10          binaire
            11               résultat
```

Ceci signifie que le test de l'instruction if donne VRAI quand les deux bits de poids faible de `flag` sont à 0 (ni en lecture, ni en écriture). Il vérifie qu'une entrée dans `_iob` n'est pas utilisée pour lire ou écrire.

Les champs de bits permettent de tester explicitement ces conditions :

```
if (fp->flag.is_read == 0 && fp->_flag.is_write == 0)
   break;
```

La modification suivante positionne explicitement les bits :

```
  pf->flag.is_unbuf = 0;
  pf->flag.is_buf = 1;
  pf->flag.is_eof = 0;
  pf->flag.is_err = 0;
```

Ensuite,

```
          pf->flag ||= (*mode == 'r') ? _READ : _WRITE;
```

positionne `flag` en fonction de mode. Si c'est `'r'`, il met `flag` à `_READ`, autrement il met `flag` à `_WRITE`.

Avec les champs de bits, si le mode est `'r'` alors le bit `is_read` est mis à 1. Sinon, le bit `is_write` est mis à 1 :

```
    if (*mode == 'r')    {
         pf->flag.is_read = 1;
         pf->flag.is_write = 0;
    } else  {
         pf->flag.is_read = 0;
         pf->flag.is_write = 1;
    }
```

La fonction `_fillbuf` est modifiée de manière analogue. Elle renvoie un `EOF` dans les situations suivantes : le fichier n'était pas ouvert en lecture, une fin de fichier a déjà été rencontrée, ou une erreur a déjà été détectée :

```
   if ((pf->flag & (_READ |_EOF| _ERR)) != 0)
         return(EOF);
```

Ces bits sont maintenant testés avec des champs de bits :

```
   if (pf->flag.is_read == 0 ||
       pf->flag.is_eof  == 1 ||
       pf->flag.is_err  == 1)
         return EOF;
```

Ensuite,

```
    tailletamp = (fp->flag & _UNBUF) ? 1 : TAILLETAMP;
```

devient

```
    tailletamp = (fp->flag.is_unbuf) ? 1 : TAILLETAMP;
```

et la partie

```
              pf->_flag |= _EOF;
         else
              pf->_flag |= _ERR;
```

devient

```
              pf->_flag.is_eof = 1;
         else
              pf->_flag.is_err = 1;
```

La fonction modifiée donne un exécutable plus gros et s'exécute plus lentement. Les champs de bit dépendent de la machine et peuvent ralentir l'exécution.

Exercice 8-3 (K&R page 176)

Concevez et écrivez les programmes `_flushbuf`, `fflush` et `fclose`.

```
#include "appelsys.h"

/* _flushbuf : alloue et vide le "buffer" de sortie */
int _flushbuf(int x, FILE *pf)
{
   unsigned nc;             /* nbre de caract. à vider */
   int tailletamp;          /* taille du tampon alloué */
```

```
   if (pf < _iob || pf >= _iob + OPEN_MAX)
      return EOF;
   if ((pf -> flag & (_WRITE | _ERR)) != _WRITE)
      return EOF;
   tailletamp = (pf->flag & _UNBUF) ? 1 : TAILLETAMP;
   if (pf->_base == NULL) { /* pas de tampon alloué */
      if ((pf->base=(char *) malloc(tailletamp))
           == NULL)          /* impossible d'obtenir */
         pf->flag |= _ERR;  /* un tampon            */
         return EOF;
   } else  {             /* le buffer existe déjà      */
      nc = pf->_ptr - pf->_base;
      if (write(pf->_fd, pf->_base, nc) != nc)
         return EOF;     /* erreur : renvoie EOF       */
   }
   pf->_ptr = pf->_base;          /* début du buffer    */
   *pf->ptr++ = (char) x;         /* garde car. courant */
   pf->_cnt = tailletamp - 1;
   return rc;
}

/* fclose : ferme un fichier                           */
fclose(FILE *pf)
{
    int rc;                            /* code de retour */

    if ((rc = fflush(pf)) != EOF){        /* qqchose à */
                                          /* vider ?   */
        free(pf->base);  /* libère le tampon alloué */
        pf->ptr = NULL;
        pf->cnt = 0;
        pf->base = NULL;
        pf->flag &= ~(_READ | _WRITE);
    }
    return rc;
}

/* fflush : vide le tampon associé au fichier pf      */
int fflush(FILE *pf)
{
    int rc = 0;

    if (pf < _iob || pf >= _iob + OPEN_MAX)
        return EOF;   /* erreur : pointeur invalide */
    if (pf->flag & _WRITE)
        rc = _flushbuf(0, pf);
    pf->ptr = pf->base;
    pf->cnt = (pf-> flag & _UNBUF) ? 1 : TAILLETAMP;
    return rc;
}
```

Si le fichier n'était pas ouvert en écriture, ou si une erreur a eu lieu, `_flushbuf` renvoie un `EOF` :

```
if ((pf -> flag & (_WRITE | _ERR)) != _WRITE)
```

```
        return EOF;
```

S'il n'y a pas encore de tampon, on en alloue un comme dans `_fillbuf` (K&R page 176). Si le tampon existe, alors on le vide de ses caractères.

`nc` est le nombre de caractères dans le tampon. `_flushbuf` écrit `nc` caractères et renvoie `EOF` si une erreur a eu lieu.

L'étape suivante est de conserver le caractère argument dans le tampon :

```
  *fp->_ptr++ = x;
```

Le nombre de caractères qu'il est possible de conserver dans le tampon (`pf->_cnt`) est alors un de moins que la taille du tampon puisqu'on vient d'y mettre un caractère.

La fonction `fclose` appelle `fflush`. Si le fichier était ouvert en écriture, il est peut-être nécessaire de vider quelques caractères restant dans le tampon. `fclose` réinitialise les éléments de la structure `_IOBUF` de façon à ce que `fopen` ne rencontre pas de valeurs sans signification dans un emplacement libre. Le code de retour est 0 s'il n'y a pas d'erreur.

`fflush` vérifie que le pointeur de fichier est valide et appelle `_flushbuf` si le fichier était ouvert en écriture. `fflush` réinitialise ensuite `ptr` et `cnt` et renvoie `cr`.

Exercice 8-4 (K&R page 176)

La fonction de la bibliothèque standard

```
        int fseek(FILE *fp, long offset, int origin)
```

qui est identique à `lseek`, mis à part que `fp` est un pointeur de fichier au lieu d'être un descripteur de fichier et que la valeur de retour est un état de type `int`, pas une position. Ecrivez `fseek`. Assurez-vous que votre fonction est compatible avec la mise en mémoire tampon réalisée par les autres fonctions de la bibliothèque.

```
#include "appelsys.h"

/* fseek : lseek avec pointeur de fichier                    */
int fseek(FILE *fp, long offset, int origin)
{
    unsigned nc;              /* nbre de caract. à vider */
    long cr = 0;              /* code de retour          */

    if (fp->flag & _READ) {
       if (origin == 1)                /* à partir de la     */
                                       /* pos. courante ?    */
          offset -= fp->cnt;           /* tient compte des   */
                                       /* car. du tampon     */
```

```
        cr = lseek(fp->fd, offset, origin);
        fp->cnt = 0;    /* pas de car. dans le tampon */
    } else if (fp->flag & _WRITE) {
        if ((nc = fp->ptr - fp->base) > 0)
            if (write(fp->fd, fp->base, nc) != nc)
                cr = -1;
        if (cr != -1)          /* pas encore d'erreur ? */
            cr = lseek(fp->fd, offset, origin);
    }
    return (cr == -1 ? -1 : 0);
}
```

La variable `cr` contient le code de retour. Il vaut -1 quand une erreur a eu lieu.

Il y a deux situations dans `fseek` : le fichier est ouvert en lecture ou il est ouvert en écriture.

Quand le fichier est ouvert en écriture, et que l'origine est 1, le décalage est compté à partir de la position courante (les autres cas sont : origine 0, le décalage est compté à partir du début du fichier ; origine 2, le décalage est compté à partir de la fin du fichier). Pour mesurer le décalage à partir de la position courante, `fseek` prend en compte les caractères qui sont déjà dans le tampon :

```
if (origin == 1)
    offset -= fp->cnt;
```

`fseek` appelle alors `lseek` et supprime les caractères du tampon :

```
cr = lseek(fp->fd, offset, origin);
fp->cnt = 0;
```

Quand le fichier est ouvert en écriture, `fseek` commence par vider le tampon de ses caractères, s'il y en a :

```
if ((nc = fp->ptr - fp->base) > 0)
    if (write(fp->fd, fp->base, nc) != nc)
        cr = -1;
```

S'il n'y a pas d'erreur, `lseek` est appelée :

```
if (cr != -1)
    cr = lseek(fp->fd, offset, origin);
```

La fonction `fseek` renvoie 0 s'il n'y a pas eu d'erreur.

Exercice 8-5 (K&R page 182)

Modifiez le programme `taillef` de façon à imprimer les autres informations contenues dans l'entrée d'un inode.

```
#include <stdio.h>
#include <string.h>
```

```
#include <fcntl.h>  /* indicateurs lecture écriture */
#include <sys/type.h>        /* définitions de types */
#include <sys/stat.h> /* struct. retournée par stat */
#include "entrep.h"

int stat(char *, struct stat *);
void balayer_rep(char *, void (*fcn)(char *));

/* taillef : imprime numéro d'inode, node, liens,   */
/*         taille du fichier "nom"                  */
void taillef(char *nom)
{
    struct stat tampst;

        if (stat(nom, &tampst) == -1) {
            fprintf(stderr,
              "taillef : impossible d'accéder à %s\n",
                    name);
            return;
        }

        if ((tampst.st_mode & S_IFMT) == S_IFDIR)
            balayer_rep(nom, taillef);
        printf("%5u %6o %3u %8ld %s\n",
               stbut.st_ino,
               stbuf.st_mode,
               stbuf.st_nlink,
               stbuf.st_size,
               nom                     );
}
```

Nous avons modifié `taillef` pour imprimer le numéro d'inode, le mode du fichier en octal, le nombre de liens vers le fichier, et le nom du fichier. Vous pouvez choisir d'imprimer plus d'information, tout dépend de ce qui est important à vos yeux.

La fonction `balayer_rep` apparait à la page 180 du K & R.

Exercice 8-6 (K&R page 187)

La fonction de la bibliothèque standard `calloc(n, size)` retourne un pointeur sur `n` objets de taille `size`, la mémoire étant initialisée à 0. Ecrivez la fonction `calloc` en faisant appel à `malloc` ou en la modifiant.

```
#include "appelsys.h"

/* calloc : alloue n éléments de taille size          */
```

```
void *calloc(unsigned n, unsigned size)
{
    unsigned i, nb;
    char *p, *q;

    no = n * size;
    if ((p = q = malloc(no)) != NULL)
        for (i = 0; i < no; i++)
            *p++ = 0;
    return q;
}
```

La fonction `calloc` alloue `n` objets de taille `size`. Le nombre total d'octets à allouer est `no` :

```
    no = n * size;
```

`malloc` renvoie un pointeur vers une zone de mémoire de `no` octets. Les pointeurs `p` et `q` pointent vers le début de cette zone mémoire. Si l'allocation a été réussie, les `no` octets alloués sont initialisés à 0 :

```
        for (i = 0; i < nb; i++)
            *p++ = 0;
```

`calloc` renvoie un pointeur vers la zone mémoire allouée et initialisée.

Exercice 8-7 (K&R page 187)

La fonction `malloc` accepte toute demande de n'importe quelle taille sans vérifier si celle-ci est plausible ; `free` suppose que les blocs qu'on lui demande de libérer contiennent tous un champ de taille correcte. Modifiez ces programmes de façon à ce qu'ils s'occupent un peu plus de la détection des erreurs.

```
#include "appelsys.h"

#define  MAXOCTETS  (unsigned) 10240

static unsigned maxalloue;      /* nbre max. d'unités */
                                /* allouées           */
static En_tete  base;    /* liste vide pour démarrer */
static En_tete  *plibre = NULL;/* début de la liste */
                                /* de blocs libres  */

/* malloc : allocateur de mémoire à usage général   */
void *malloc(unsigned noctets)
{
    En_tete *p, *pprec;
    static En_tete *plusmem(unsigned);
    unsigned nunites;
```

```
    if (noctets > MAXOCTETS) {          /* pas plus     */
                                        /* de MAXOCTETS */
       fprintf(
         stderr,
    "alloc: impossible d'allouer plus de %u octets\n",
         MAXOCTETS                                     );
       return NULL;
    }
    nunites =
    (noctets+sizeof(En_tete)-1) / sizeof(En_tete) + 1;

    /* ... */                  /* comme page 185 du K&R */

}

#define  NALLOUE   1024             /* nb min. d'unités */
                                    /* à demander       */
/* plusmem : demande de la mémoire au système           */
static En_tete *plusmem(unsigned nu)
{
    char *pc, *sbrk(int);
    En_tete *up;

    if (nu < NALLOUE)
        nu = NALLOUE;
    pc = sbrk(nu * sizeof(En_tete));
    if (pc == (char *) -1)        /* plus aucun espace */
         return NULL;
    up = (Header*)pc;
    up->s.size = nu;
    maxallouees =
      (up->s.size > maxalloue) ? up->s.size :
                                 maxalloue;
    free((void *)(up+1));
    return plibre;
}

/* free : met le bloc ap ds liste des blocs libres  */
void free(void *ap)
{
    En_tete *bp, *p;

    bp = (En_tete *)ap -1; /* pointe vers l'en-tête */
    if (bp->s.size == 0 || bp->s.size > maxalloue) {
         fprintf(stderr,
    "free: impossible de libérer plus de %u unités\n",
                 bp->s.size);
         return;
    }
    for (p=plibre; !(bp>p && bp<p->s.ptr); p=p->s.ptr)

    /* ... */                  /* comme page 186 du K&R */
}
```

La fonction `malloc` compare le nombre d'octets demandés à une constante arbitraire `MAXOCTETS`. Choisissez la valeur de `MAXOCTETS` qui marche le mieux avec votre système.

Quand `plusmem` alloue un nouveau bloc, la variable statique : `maxalloue` conserve la taille du plus gros bloc utilisé jusqu'à présent. Ainsi, la fonction `free` peut vérifier la valeur de `size` : elle ne doit pas être nulle ni supérieure à la taille du plus gros bloc alloué.

Exercice 8-8 (K&R page 187)

Ecrivez une fonction `libererb(p, n)` qui libère un bloc arbitraire `p` de `n` caractères à l'intérieur d'une liste gérée par `malloc` et `free`. En employant `libererb`, un utilisateur pourra à tout moment ajouter un tableau statique ou externe à la liste de blocs libres.

```
#include "appelsys.h"

/* libererb : libère un bloc arbitraire p de n car. */
unsigned libererb(char *p, unsigned n)
{
    register En_tete *pe;

    if (n < sizeof(En_tete))
        return NULL; /* trop petit pour être utile */
    pe = (En_tete *) p;
    pe->s.size = n / sizeof(En_tete);
    free((void *)(pe+1));
    return pe->s.size ;
}
```

La fonction `libererb` prend deux arguments : un pointeur `p` et un nombre de caractères `n`. Elle libèrera le bloc seulement si sa taille est au moins `sizeof(En_tete)`, autrement elle renvoie `NULL`.

Le pointeur `p` est forcé au type `En_tete` et affecté à `pe` :

```
pe = (En_tete *) p;
```

La taille du bloc en unités de `sizeof(En_tete)` est :

```
pe->s.size = n / sizeof(En_tete);
```

La dernière étape consiste à appeler la fonction `free`. Comme `free` accepte un pointeur vers une zone juste après la zone en-tête, `(pe+1)` est utilisé. Enfin, `(pe+1)` est forcé au type `(void *)`.

La fonction `libererb` renvoie `NULL` si le bloc est trop petit, autrement elle renvoie la taille du bloc en unités de `sizeof(En_tete)`.

Index

E

F

G

H

I

J

L

M

N

O

P

U

V

W

MASSON, Éditeur
120, bd Saint-Germain
75280 Paris Cedex 06
Dépôt légal : mars 1992

CORLET, Imprimeur, S.A.
14110 Condé-sur-Noireau
N° d'Imprimeur : 3930
Dépôt légal : février 1992